為什麼我學不會拒絕？

腦神經內科醫師
「腦的學校」代表
加藤俊德——著

「優しすぎて
損ばかり」がなくなる
感情脳の鍛え方

前言

始終搞不懂自己究竟想怎樣！

——為什麼自己的個性，會這麼飄忽不定又容易情緒化呢？

你是否曾經有過這樣的念頭呢？

總是忍不住觀察其他人的臉色、總是磨磨蹭蹭遲遲不敢行動、總是對小事劇烈反彈，碰到重要的大事態度又曖昧不清，事後才開始感到後悔。

這就是腦袋處於「不知道自己想怎麼做，無法釐清自己的情緒」的狀態時，很容易發生的現象。當一個人無法掌握自己究竟做什麼，就無法適度控制自我，在現實世界中也很容易處處碰壁。

本書的目標，正是透過鍛鍊「腦部」，消除這種生活上的煎熬。

首先，請各位先檢視自己的腦部狀態。
請數數看下列檢視表中，有幾項符合自己的狀況。

□不會主動邀約他人，收到邀約時也無法拒絕
□很怕麻煩，也沒有特別想做的事情
□有時事發當場沒感覺，事後回想才愈想愈氣
□待在人群中的時候，會很在意他人目光而無法保持冷靜
□總是缺乏自信，對未知事物感到恐懼不安
□很容易深陷遊戲或滑手機等特定的事物
□每當別人詢問「你想怎麼做」的時候，腦中會一片空白
□平常忙得沒空照顧自己
□一想到將來，就焦慮得不得了
□別人強力試圖說服自己的時候，總會忍不住答應

【符合0項的人】

「情感自覺充足腦」的持有者，請透過本書，進一步理解與自己大不相同的「情感自覺不足腦」持有者吧。

【符合1～5項的人】

有「情感自覺不足腦」的傾向，會配合身旁其他人的步調，所以表面看起來沒問題，但是職場工作與人際關係都很容易產生壓力。

【符合5～10項的人】

「情感自覺不足腦」的持有者。總是下意識把他人的需求擺在自身之前，無法開口說不。在某些情況下容易被人利用。

事事不順，煩惱的源頭竟出自大腦？

檢視的結果如何呢？符合項目愈多，就意味著愈無法順利地控制自我，容易受到他人擺布。

事實上，前來診所的患者當中，有許多人看起來很好相處，乍看之下完全沒有引人討厭的要素，可是他們在工作與人際關係上的煩惱卻源源不絕，同時也缺乏自信。

「我不知道自己適合什麼樣的工作，所以希望能從諮詢中獲得答案。」「我與別人溝通時總是有障礙。」「對未來深深感到不安。」造訪診所的目的五花八門，可是能夠脫口說出的煩惱大多僅流於表面，實際上不少人真正的問題根源是「搞不清楚自我狀況」。

不過，這個現象可以透過腦部影像檢查診斷發現，只要應用MRI（磁振造影常用的加藤式腦部影像診斷法，就可以發現腦袋中產生「自己的情緒」（自我情感）的區域不夠發達。

難以產生自我情緒時，看待任何事物就很少會有覺得開心的時候，結果就半推半接受了沒什麼興趣的事情。儘管心裡清楚這是自己的人生，卻存在許許多多無法自主控制的部分。

事事不順利的根源就出在腦袋，因而導致「不知道自己想怎麼做→無法彙整思緒→無法做出符合情緒的表現」的現象。

日常生活中，是否有餘暇關心自己？

不過，不知道自己想做什麼、無法做出符合情緒的表現，這些行為其實與智商的高低並沒有直接關係。

許多擁有高學歷的知識分子，往往也搞不清楚自己的情緒。正常情況下，腦袋的發育狀態會因人而異，日常生活中常使用的部分就會特別發達，不太用到的部分發育速度自然會相對緩慢。

如果以職業別來看，律師、看護與家庭主婦會熱情對待他人勝於自己，從事這類工作的人就有難以培育自我情感的傾向。

這是因為他們平日受到立場影響，思考他人想怎麼做的時間，遠比思考自己想法的時間長了許多所致。

身處在醫療業界的人，能夠在幫助他人的體制中發展茁壯，然而很多人即使遇到臨時事故，也會極力貢獻社會或患者，直到逼近自身極限。

儘管如此，「搞不清楚自己的情緒」是大腦的壞習慣造成，只要在生活上做點變化，其實就有望改善。

只要釐清自己的情緒，就能夠降低想法與行動的不一致。如此一來，許多曾經的煩惱也自然消失，隱約伴隨的煎熬也會趨於緩和。

每天的日子，也會過得比以往更加滿足。

簡單的訣竅，就能改變腦部壞習慣

本書將會告訴各位何謂「情緒」，自己的情緒又是如何產生，以及幫助你能輕易釐清情緒的訓練等，並不困難。

腦袋是相當靈活的，只要有心改變，只要稍微花點心思就能隨時改變。

我至今作為「腦街區」的提倡者，提出許多腦部鍛鍊方法。腦街區，就是釐清腦部各區域的運作方式，並依功能分別命名。

其中對我們行動影響特別大的，就是「思考系統腦街區」、「視覺系統腦街區」、「聽覺系統腦街區」、「理解系統腦街區」、「傳達系統腦街區」、「運動系統腦街區」、「記憶系統腦街區」與「感情系統腦街區」這八個區域。

本書將以「**感情系統腦街區**」為主，解說培育自我情感的方法。

情緒是無形的，但是生成情緒的腦部是有形的。只要將腦部鍛鍊得明白自己的情緒，就可以大幅翻轉生活型態。

那麼，就趕緊進入正題吧！

第1章　每四個人當中，就有一人摸不清自己的情緒

第2章

莫名不順遂，其實都是大腦害的！

第3章 放棄總是配合他人的壞習慣，生活就會變輕鬆

第4章

建立思考新迴路，輕鬆助大腦提高「自我情感」

第5章 從每一天的日常習慣，重新取回主體性

設計　菊池 祐
插圖　クリモトミカ

第 1 章

每四個人當中，
就有一人摸不清自己的情緒

1

01

你的大腦也缺乏「情感自覺」嗎？

感覺諸事不順，是哪一部分出問題？

我長年研究腦部並遇見了各式各樣的人，其中特別常聽見這樣的煩惱。

「我不知道自己適合什麼樣的職業，出社會後總是在換工作。我到底適合什麼領域呢？請告訴我。」

「我差不多到該結婚的年紀了，但是別說心儀的對象，我連朋友都沒有，到底是哪裡不好呢？」

「我最近升遷至管理階層，面對我行我素的部下卻沒辦法嚴厲以待，該怎麼做才能夠展現威嚴呢？」

「和他人往來非常疲憊，雖說我也沒有被討厭……」

提出這類諮詢的人以三十多歲者居多。

年輕時因為經驗尚淺而沒注意到的事情，隨著年齡增長就化為煩惱浮上檯面，或者是立場變化使煩惱突然蹦了出來。

這些煩惱乍看各不相干，但是根本原因卻是相同的。

原因就是「沒有搞清楚自己的情緒」。

因為不知道自己想怎麼做，所以才無法做出適當的行動。

順其自然也活得下去，可是……

聽到他人指出自己「沒有搞清楚自己的情緒」時，相信會有人一時毫無頭緒。這並不代表沒有任何想法或是完全沒在思考。

日常生活中有許多沒搞清楚自己的情緒也過得去的場面。
舉例來說，在家裡懶洋洋待著的時候有什麼樣的情緒呢？
有時會出現「可以放鬆休息真好」這麼明確的情緒，有時也會呈現「就順勢這樣了」的狀態。

「就順勢」懶洋洋的人並非什麼都沒感覺，而是沒有浮現具體的「情緒」。

對我們來說只要「即使不清楚自己的情緒也沒壞處」的話，就能夠「順其自然」地活下去。

不如該說，沒得選比較沒壓力也比較輕鬆，所以會說著「隨便」並交由他人判斷，或是傾向因為「無所謂、麻煩」而避免自發性的行動。

尤其是在職場上必須按照主管只是處理事務、轉接電話、應付申訴等，有時工作的主體是服務客人，這時自己的情緒反而會造成阻礙。

但是人生裡這個「順其自然」過活的期間愈多，就很容易放大原本的困擾，某一天終於意識到「**自己不是順其自然過日子，而是每天都覺得辛苦**」，進而前來接受腦

順其自然過日子，只會愈活愈辛苦

部影像診斷的人絡繹不絕。

隨波逐流的日子，心理也變得孤立隔絕

察覺自己情緒的能力愈弱，在人際關係中愈容易感到窒息。

每天都依他人的指示做事，或是被迫接受他人的想法，什麼都無法自行決定時，以及無法湧現自己的情緒時，儘管並非做不好工作，但是在組織裡的心理孤立感卻會愈來愈高。

於是搞不清楚自己情緒的人，就會因此愈活愈辛苦。

人類沒辦法百分之百察覺自己的情緒並確實掌握，掌握程度視情況而定，有時只有三成左右，有時則會達七成。

遇到不合理的事情能夠立刻抗議或是提出討論，就代表很清楚自己的情緒。但是儘管內心煩躁就順勢接受，通常察覺自我情緒的程度會偏低。

每四個人當中，就有一個因為腦部陷入「不清楚自己情緒」的狀態而產生困擾的人，絕對稱不上少數。

身體的反應與情緒是各自獨立

總是對周遭小心翼翼，壓力易累積上身

難以搞清楚自己情緒的人最具代表性的症狀，就是**「很容易受他人影響」**、**「會受周遭環境擺布」**。

能夠清楚認知「自己想這麼做」的人，不會在意周遭的雜音，能夠專注在自己的事情上。但是難以搞清楚自己情緒的人，就很容易將注意力放在周遭的人事物上。因此無論好壞都容易受到周遭人影響。

如果周遭發生的事情總是符合自己需求的話，當事人或許還無所謂，但現實生活卻沒辦法事事隨心如意。

舉例來說，朋友提出週末一起享用美味午餐的邀約，如果能夠度過快樂時光就無所謂，但是有時可能兩個小時都是對方單方面抱怨男友或工作，完全變成他人宣洩壓力的垃圾桶。此外有時也會因為注意到主管工作時很煩躁，所以自己在工作時也跟著戰戰兢兢，對吧？

總是毫無防備地接納負面影響，會過度「配合他人的行動」、「因為身邊事件感到煩躁」的人，都可以說是潛藏在搞不清楚自己情緒背後的作用。

這樣的傾向會日復一日、一點一滴地累積成巨大的壓力。

瞬間的喜怒哀樂，都是身體的反應

腦袋的各部位都有不同功能。

我將這些依功能分區的場所稱為「腦街區」。腦街區五花八門，主要的有八個（參照左頁）。

搞不清楚自己的情緒，在工作與人際關係上容易抱持壓力的人，通常腦袋內**「感**

一起來看看主要的8大腦街區吧

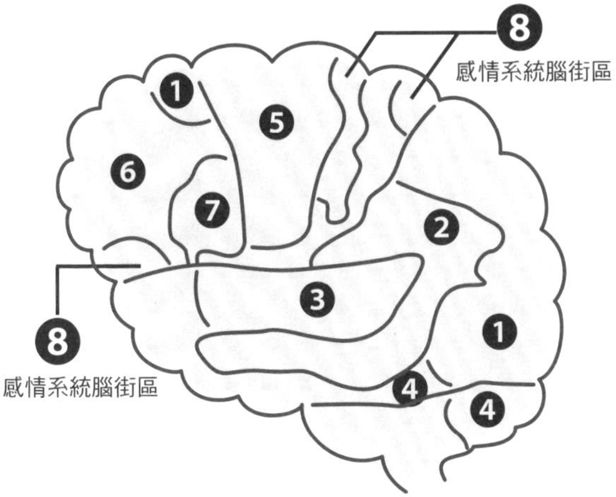

❶視覺系統腦街區……看、捕捉動態、分辨

❷理解系統腦街區……理解資訊並將其化為自己的知識

❸聽覺系統腦街區……聆聽、分辨聲音

❹記憶系統腦街區……記憶、忘不了、想起

❺運動系統腦街區……控制所有身體動作

❻思考系統腦街區……思考、下決定、計畫、創造

❼傳達系統腦街區……開始說話、所有傳達方面的事情

❽感情系統腦街區……喜怒哀樂的表達、情感控制、察知他人情緒

情系統腦街區」的功能格外低下。

感情系統腦街區具有產生「情緒」的功能，並與為維持生命而透過自律神經產生的兩種「身體反應」互相牽連。

舉例來說，即使對嬰兒施以微量麻醉使其睡著，過了一定時間後，嬰兒絕對會醒來哭求喝奶，這就是為了維持生命的身體反應。

嬰兒並不是因為覺得「肚子餓了」而哭，是腦部自動機制使他們醒來的。

此外，感情系統腦街區包括主掌情動（不安、憤怒、喜悅等急劇的情感）的器官——杏仁核。即使是瞬間湧上的喜怒哀樂等「情感」，也是由杏仁核引發了相關的「身體反應」。

杏仁核容易亢奮的人，只要遇到些微刺激就會立刻感到不安。接著會產生心跳或呼吸加速、血壓上升等自律神經造成的反應。

五感受到舒適刺激時產生的「愉快情感」，以及感到厭惡的「不快情感」都屬於身體反應的一種。

情緒不化為「言語」，就難以認知

產生出「情緒」的功能，分成隨著日積月累的「身體反應」經驗所生成的情緒，以及依自己的思考、理解與記憶等所生成的情緒。

前者要舉例的話，就是在電車內被踩到腳後產生「疼痛」的感覺，這時就是皮膚知覺所產生的身體反應。日後若時不時在電車內被踩到腳的話，就會產生「不想再搭電車」的「情緒」。

像這樣持續累積的身體反應（情感經驗），就會化為記憶固定下來，幫助自己意識到這份「情緒」。也就是說，「情緒」與「身體反應」會互相產生作用，進而產生出情感。

後者則是感情系統腦街區與其他腦街區互相配合所生成的。

舉例來說，翻閱相簿浮現「好懷念的照片喔」如此想法時，就是視覺系統（將眼睛獲得的資訊輸入腦中的功能）與記憶系統（記憶或回想的功能）一起和感情系統腦街區合作生成的情緒。

此外覺得「那個諧星講的話太有趣了，讓我不禁笑出來」時，就是聽覺系統（將耳朵獲得的資訊輸入腦中的功能）與理解系統（理解內容細節的功能）一起和感情系統腦街區合作生成的情緒。

感情系統腦街區會像這樣與其他腦街區合作，使腦部清楚分辨出各種情緒。

「該如何應對現實生活中發生的事情呢？」

「接下來想做什麼呢？」

「我對什麼事情有興趣呢？」

像這樣自發性地產生符合人性的高度心情，未必都是自動湧現的；而腦部運作方式的差異，也就造就容易清楚分辨情緒的人，以及不容易辨別情緒的人。

「情緒」的產生，取決於「情感」有多具體

感情系統腦街區的功能

腦街區會分工合作，分擔左右腦的功能。

右腦主要功能是「接收外部來的資訊」。舉例來說，當我們感受到有微風徐徐吹來，就是用右腦接收這個資訊，或是透過手部取得觸摸到黏質物體的資訊。

而右腦的「感情系統腦街區」具有接收外部刺激後，「認知他人情感」的功能。人的情感可以透過手勢、聲音與表情等展現於外表面的要素，而讓他人知曉。「那個人嘴上說著沒事，看起來卻耿耿於懷。」我們之所以能夠對此有所察覺，也是多虧了這個功能。

另一方面，左腦的感情系統腦街區功能則是「生成自己的情緒」，而這正是本書要探討的主題。

左腦的感情系統腦街區會產生像是「自己喜歡、討厭什麼」的情緒（自我情感），並且會與額葉合作，將情緒化為具體的「言語」，比較容易帶來「自己想○○」的行動。

稍微彙整重點如下：

◎右腦的感情系統腦街區 → 認知他人情感，例如：那個人是這麼感覺的

◎左腦的感情系統腦街區 → 生成自己的情緒（自我情感），例如：我喜歡、討厭什麼

模糊的情感，通過左腦化為語言

負責生成「情緒」的是左腦的感情系統腦街區。

不是被動的感覺，而是自發性地生成清晰的情感。

那麼左腦的感情系統腦街區是以什麼樣的機制產生「情緒」呢？

生成材料的核心正是「模糊的情感」。

大多數的情況下，隱約的感受、愉快情感或不快情感都會透過左腦的感情系統腦街區「化為言語」，進而成為明確的「情緒」。

自我情感化為言語有助於意識到自己的情緒，提高對自我情感的體認。

我們每天都會接收龐大的刺激，感覺形形色色的事物，但是會透過左腦將其化為言語，並且意識到的「自己的情緒」只占非常小的一部分。

如果是殘留強烈印象的事件，任誰都能夠瞬間化為「好有趣，想看更多」、「好痛苦，好想逃」等言語。

遭遇極端的事件、面臨攸關生死的狀況，大部分的人都能夠立刻將自己想做的事情（不如該說是不得不做的事情）化為言語。

但是並非如此緊急的時候，就必須經過數次的反覆輸入才比較容易化為言語。

舉例來說，就連「喜歡旅行（愉快情感）」這種情緒，也必須先透過數次旅行獲得愉快經驗後，才會轉化成「喜歡」這個言語。

儘管如此，想必也有人認為「沒有印象自己將情緒化為言語過」。

但是尚未在腦袋中化為言語的情緒，是無法說出來、寫成文章或是實際行動的。

因為已經化為言語了，才能夠注意到「自己是這麼認為的」。

快樂經驗與悲傷經驗，都能促進感情腦發達

我們的大腦中，最需要大量情報的區域

腦部會透過各式各樣的情報輸入（經驗）而茁壯發達。

以運動系統腦街區來說，身體愈是運動，那麼運動到的部分與腦部聯絡就會更順暢，能夠更輕鬆迅速地動起來。

感情系統腦街區亦同，像是看電影感到情緒高昂、與他人往來而感受到悲喜等外部刺激，也會促成感情系統腦街區的成長。

可是，感情系統腦街區需要比其他腦街區更多的資訊輸入，也是整個腦部裡最不容易發達的場所。

從樹枝狀部位判斷腦部的成熟度

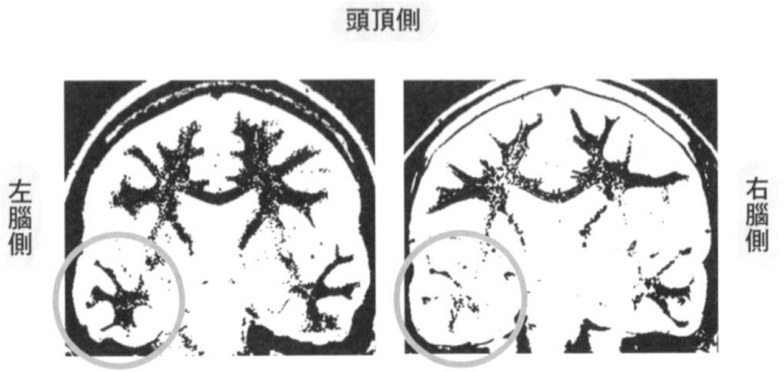

感情系統腦街區相當發達，因此樹枝狀部位清晰且黑

感情系統腦街區不夠發達，所以樹枝狀部位偏白

若以具體形象來比喻的話，就是目標要累積至一百點的經驗，卻得從一開始成長的感覺。

經驗的多寡，決定腦街區連接通道的大小

請看上面兩張腦部影像圖，這是通過左右腦杏仁核的冠狀切面影像（從頭頂朝下的垂直切面）。

兩張圖片的圈起處，就是生成「情緒」的感情系統腦街區。

各位可以發現，右圖的樹枝狀部位偏白，左圖則又黑又清晰。

樹枝狀部位愈黑就代表愈發達，愈白就代表不夠成熟（腦部的樹枝狀部位，此一國際專利屬於作者所有）。

感情系統腦街區的中樞——左右腦的杏仁核，會透過腦部的樹枝狀部位，將周遭領域與其他七個腦街區連接起來，塑造出形形色色的網路（迴路）。

腦中每天都在使用的迴路固然會更加發達，不常使用的迴路則會衰退，因此樹枝狀部位會隨著至今為止的經驗積累，呈現出部分發達、部分不發達的模樣。

到目前為止所探討的「情感自覺不足腦」，通常都具有左腦感情系統腦街區周邊不夠發達的特性。

05

向他人學習，是鍛鍊感情腦的第一步

大人在兒童情感教育中的角色

雖然感情系統腦街區會透過形形色色的經驗（輸入）成長，但是所謂經驗，其實也包括「由他人告知情緒的存在」。

據說人類開始產生本能欲求以外的複雜心情，大約在剛學會說話的四歲左右就會產生這樣的情緒。

舉例來說，例如在公園等遊戲場所，有時會遇見兒童不知所措地在同齡孩童周遭張望遊蕩，這時只要告訴落單的孩子：「只要跟他們說『一起來玩吧』，就可以加入了喔。」這樣他就能夠順利向其他孩童搭話，並且加入遊戲。

這就是大人察覺孩子的情緒後，幫助他化為言語的行為。如此一來，孩子才知道如何表現出符合情緒的行為。

兒童的腦部發育程度尚低，所以需要藉助他人之口告訴自己，或是親眼見識周遭人們許許多多的情感表現，才能夠學會「將情緒化為言語」這項能力。

即使是連話都說不清楚的年幼兒童，也可以教導他們「請」或「謝謝」等肢體言語，供孩子活用。

人類唯在日常儲備足夠多的表達方式，才能夠在需要的時候，順利找出能夠表達自我情緒或意欲傳達想法的方法。

目前研究已知，從孩提時代就能夠展現領導才能的孩子，往往也比其他孩子更懂得如何把自己的情緒化為言語。

學習選擇符合「情緒」的行為

與本能欲求不同，人類的高度情緒不僅會受到天生的感受性影響，「後天學習」

學會採取符合「情緒」的行為

STEP ①

看見周遭人的情感表現，學會在什麼情況下要怎麼行動的基本框架

STEP ②

前述框架不適用時，按照過往經驗，思考什麼樣的行為符合當下的心情

學會採取符合情緒的行為，也有助於鍛鍊腦部

的影響力也不容小覷。孩提時代無論是誰都無法充分理解自己的情緒，必須在成長的過程中慢慢培養。

另一方面，從孩提時期就經常採取符合情緒的行為，就有助於鍛鍊左腦的感情系統腦街區，進而能具體理解自己的情緒。

但是腦部的不可思議之處，就在於並非只有腦部發達才能夠採取符合情緒的行為，有時也會逆向影響，因為採取符合情緒的行為，而得以促進腦部發達。

因此無論是「執行過程中偶然表現出符合情緒的行為」，還是「學習後才懂得表現出符合情緒的行為」，這兩種經驗對腦部成長來說都非常重要。

具備類似「遇到這種事情，大家都會生氣」的知識，或是按照以往經驗思考得出這個結論，就會在該生氣時能夠確實表現出自己的怒氣。

然而，若是認為「雖然很火大，但也可能是自己有問題」的話，就不知道該怎麼表現出怒氣。如此一來情緒自然就會與行為相互悖離。

一個人選擇的行為，容易受到自身具備的知識與價值觀影響，所以見識過愈多類型的人，就愈懂得選擇較不會對自己造成壓力的行為。

不過，成年人身處的立場相較於孩童更為多元，情緒也更加複雜，假若沒有訓練思考能力，難免就會遇到不知道該如何化為言語的兩難情況。

從這個角度來看，刻意置身在不得不思考「自己想怎麼做」的嚴苛環境之中，也有助於幫助自己鍛鍊這方面的能力。

不想面對，所以更下意識壓抑

姑且不論愉快的情緒，有些負面情緒，倘若意識到了反而會給自己帶來損失。

舉例來說，運動選手為了避免對手解讀出自己的情緒，在決勝負的重要關鍵時刻會刻意保持面無表情。據說棒球投手一旦意識到「這裡搞砸的話，可能會被擊出全壘打」，投出的球威就會稍微變差。

這是因為，情感的波動也會對肌肉與行為發揮影響力。

除此之外，引發情緒的因素不只有愉快或不快感，還包括積蓄至今的知識與經驗，也就是所謂的「記憶」。

創傷正是最鮮明的一種記憶形式。比如遇到與討厭對象嗓音相似的人，即使對方沒有做出任何令人不快的言行，自己也會不由自主感到煩躁，有時甚至連步調都會被打亂。

可以說，即使能夠將自己的情緒化為言語，卻刻意去壓抑的人比比皆是。不過現實情況往往是無法完全壓抑，言行間仍會隱約透露出情緒的波動。

COLUMN

過度壓抑的情緒，會轉變為大腦的壞習慣

這是一位深受伴侶外遇而苦惱的四十多歲女性的經驗談。

即使平日搞不清楚自己的情緒，可是遇到伴侶外遇這種大事，仍會湧現強烈的不快情感，當然也能夠輕易將情緒化為言語。

但是大多數的人勃然大怒之後，又會不禁懺悔：「或許我自己也有問題。」結果就陷入「既然我自己也有問題的話，實在不曉得往後該怎麼做了」這樣的混亂糾結，試圖忽視自己的情緒。

畢竟，只要正視自己的情緒，就無法保持冷靜了（有一部分人是會不由自主地對伴侶與第三者的動向更加敏感，結果注意力全都放在對方身上）。

可是要無視情緒並非一件易事。

即使將問題昇華成「以孩子為優先考量」這種為人父母的使命感，充其量也不過是將真實的情緒轉換成孩子的問題，藉此自保罷了。

以這位女性的情況來說，壓抑情緒所伴隨的影響就是在職場上一一浮現出來，每當同事指出什麼問題時，她都會不禁脫口說出「但是」、「都是因為」等帶有反駁意味的話語。

因為煩惱伴侶外遇問題的時間過長，讓腦袋頻繁使用「但是」、「都是因為」這類詞彙，結果在現實世界也不小心說了出來。

一旦在腦中養成了壞習慣，即使沒有思考外遇的事，即使正專注於工作，仍舊無法脫身而出。

有些離婚官司之所以陷入膠著，也是因為當事人不經意流露出這些刻意抹殺的情感所致。根據律師的說法，特別是在婚姻中被背叛的這一方，內心總有著龐大至極的憤怒。

第 2 章

莫名不順遂，
其實都是大腦害的！

2

01

回過神來，發現自己總在配合他人

對別人的事很敏感，對待自己卻很遲鈍

前面有提過搞不太清楚自己的情緒者，很容易受到周遭影響。這種人常見的傾向，就是「容易受其他人的事情吸引」。

因為不曉得「自己現在究竟想怎麼做」，所以自然而然會傾向參考其他人的行為與思維模式，繼而有所行動。

平常很容易被周遭的事情吸引注意力，結果明明搞不清楚自己的情緒，卻能夠敏感察覺其他人的情感。這樣的人共感能力偏高，行動時也會注意「不要損及他人心情」、「配合其他人」。

「如果大家都不去的話，我也不去。」「因為父母會高興所以選擇繼承家業。」結果就會像這樣很容易因為他人的想法，而改變自己的想法與行動。

這時若是心底沒有不快情感的話無妨，但是真的沒興趣時就會發生「情緒與行為不一致」的情況，進而造成壓力。

低落的自我肯定，源自腦街區發育不平衡

從腦部發達程度的角度來看待這類狀況時，會發現左腦感情系統腦街區（自我情感）愈弱，右腦感情系統腦街區（他人情感）就愈發達的案例非常多。

愈是不明白自己的狀況，洞察他人情況的能力就愈強。

倘若右腦與左腦發達程度落差愈大，就愈搞不清楚自己的情緒。

近來經常聽到的「自我肯定感低落」現象，也是左右腦發育落差愈大，就愈容易發生的現象。

相較於自己想怎麼做，更容易在乎他人會怎麼想，所以造就了避免損害他人情感優於自己情緒的價值觀。

左右腦落差，比起自己更習於記憶他人

感情系統腦街區發育落差大的人，通常可以透過對話判斷出這項特質。

一般與他人交流時，對話中也會有一定比例是談論與自己切身相關的事情。可是這類人通常只談自身以外的人事物。像是「昨天業務部的A子，好像跟男朋友吵架了」，或是「我朋友F君當上知名企業的董事耶，很厲害對吧」。

當然，不可避免也有些人是因為彼此關係還不夠親近，基於提防對方的防備心理而避免提到自己的事情。但如果是「搞不清楚自己的狀況」的人，就很容易像這樣只談論自身以外的其他人。

這類人總是仔細觀察周遭的人事物，所以才能口若懸河地說得出這些八卦消息，

明明是自己的回憶，卻無法立即想起來

年底一起去的
那間店啊……
我在年底時
做了什麼來著？

可是深究背後的原因，其實是他們鮮少有機會重新審視自己，所以假若不注意他人就想不到任何話題。

即使和這類人一起結伴出遊，過一段時間後對方也不會聊「之前一起去了哪裡哪裡呢」這類的話題。

對感情系統腦街區發育落差大的人來說，與自己有關的記憶容易變得模糊，因此聽到他人詢問偏向私人性質的問題時，明明是切身相關的事，卻必須稍微想一下：「我想想，當時是怎樣來著？」

搞不清楚自己的情緒，對於「和我有關的事」這個現實的認知也會變得淡薄。自己搞不清楚自己的事，其實也就是「自我認知能力」偏弱。

不過，有的人會在某個階段，因為他人指出或是自己開始留意到這個問題，而開始刻意與他人分享自己做了哪些事。

這樣的做法對於關注「自我」是很好的鍛鍊，能夠慢慢地讀懂自身的情緒。

自我情感與他人情感，出現認知程度的落差

大腦會傾向專注在擅長的事物上

話說回來，希望各位不要誤會，洞察他人的情感絕對不是一件壞事。

人們未必是因為「對周遭過於敏感」，才會搞不清楚自己的情緒，世界上也有許多人能夠在兩者之間取得良好的平衡，做到在洞察他人情緒的同時，也確實留意並關注自己的想法。

有時儘管右腦感情系統發達程度符合標準，左腦感情系統發達程度卻相對顯得極弱，這種「落差」就會使人搞不清楚自己的情緒。

畢竟，人類的腦袋總會傾向去做比較擅長的事情。

要從事不擅長的事情時（缺乏經驗，腦袋尚未建立好迴路的事情），腦袋不僅需要耗費大量的能量，運作也會變得遲鈍。

從這點來看，如果去做擅長的事情時，即使耗費較少的能量，腦袋也會確實運作，輕鬆多了。

也就是說，右腦與左腦發達程度落差很大時，腦袋會因為注意周遭事情比自己的事情更輕鬆，自然而然將重心放在關注周遭狀況上。

只要能夠縮小落差，就比較容易表現出一致的情緒與行動。

真正的問題，在於很多正苦於這些窘境的人，沒辦法自行注意到自身的弱項。

不擅長數學的人，會因為遲遲解不開數學問題，而自知自己「不擅長數學」。但是平常沒有產生自己的情緒，就缺乏機會、也無從注意到原來自己搞不清楚內心裡的情緒。

最根本的問題，還是出在這個弱項往往藏在容易意識到的困擾背後，像是不擅長人際關係、個性不夠活潑等。

四種不清楚自己情緒的人

不容易搞清楚自己情緒的人，根據左右腦發達程度可以概分成四種類型，各位不妨參考57頁的圖表。

大多數的人都是右腦感情系統（對周遭的敏感度）比左腦感情系統（自己的情緒）還要發達，但是落差程度都會落在正常範圍內。

一旦發達程度落差太大時，就會造成單側或是雙側都超出正常範圍。這個時候就很難注意到自己的情緒。

不僅如此，即使落差不大，但是雙側都低於正常範圍時，同樣也很難注意到自己的情緒。

那麼接下來就一一說明吧（以下簡稱右腦情感與左腦情感）。

①右腦情感高於正常範圍，左腦情感位在正常範圍

很容易被周遭的狀況吸引注意力，逐漸無法處理眼前的狀況。因為對周遭過於敏感的關係而欠缺專注力，容易造成壓力。

此外也可能因為他人做的事情而不由自主感到煩躁，遇到事情會產生批判態度的傾向。

不擅長客觀掌握自己在人際關係中的「位置」。

②右腦情感在正常範圍內，左腦情感低於正常範圍

缺乏主動性，會解讀周邊的氣氛，配合他人行動。

主要是依視覺資訊採取與周遭協調的行動，因此隨時留意周遭情況。這類型非常在意他人目光，往往因為人太好而被周遭牽著鼻子走。

（過度在意他人目光的人，對周遭的敏感度容易偏向特定方向。另外，有注意力缺失症〔ADD〕傾向的人，也容易落在這個範圍內）

搞不清楚自己情緒的4種類型

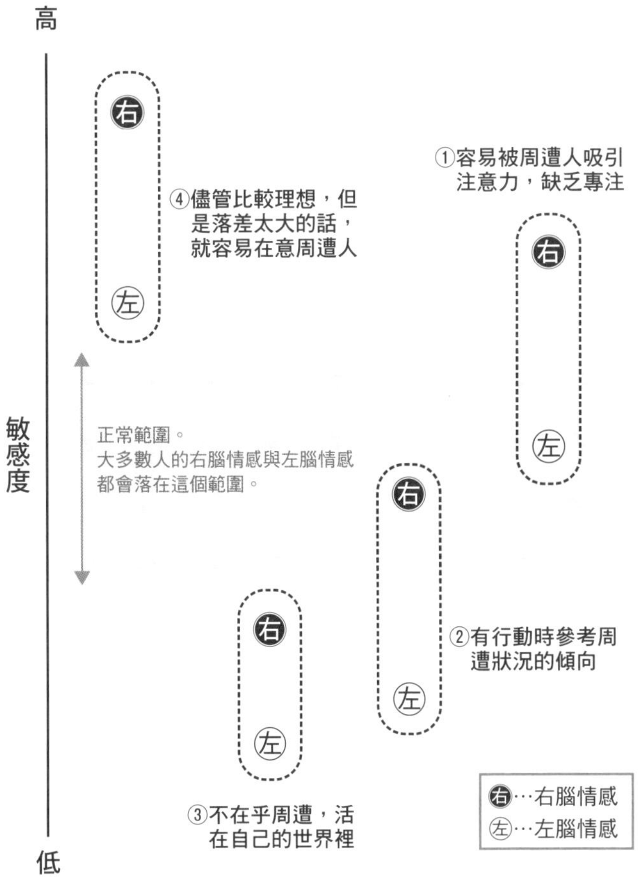
高
敏感度
低
①容易被周遭人吸引注意力，缺乏專注
④儘管比較理想，但是落差太大的話，就容易在意周遭人
正常範圍。
大多數人的右腦情感與左腦情感都會落在這個範圍。
②有行動時參考周遭狀況的傾向
③不在乎周遭，活在自己的世界裡
右…右腦情感
左…左腦情感

③左腦情感與右腦情感都低於正常範圍

自我主張強烈，活在自己的世界。

對周遭的事情沒有興趣，幾乎不受他人影響。

無論是自己的情緒還是他人的情感都不妨礙抉擇，會依據所具備的知識與話語做出相應行動。

像這類搞不清楚情緒的人，大多時候會與外界有所隔閡，關在自己的世界裡，因此精神相當穩定。

（其中具自閉症類群障礙〔ＡＳＤ〕傾向的人，也很容易落在這個範圍內）

④左腦情感與右腦情感都高於正常範圍

這類人對周遭環境的敏感度相當高，很清楚自己的情緒，在這四種類型當中屬於理想的狀態。

儘管能夠敏銳感受到周遭的事物，卻不會受其影響而侷限自我步伐，仍然可以明快地投入想做的事情。

不過這類人也因為行動力很高的關係，有時待人處事上容易變得不顧他人感受，以自我為中心。

即使右腦情感與左腦情感都高於正常範圍，但要是兩者的落差太大，還是會變得搞不清楚自己的情緒。

（有注意力不足過動症〔ＡＤＨＤ〕傾向的人，很容易落在這個範圍內）

各位觀察結果如何呢？是否有符合自己的地方呢？

03

由腦部決定的「濫好人性格」

認為他人的想法才是正確的

前面四種類型當中，特別容易感到煩惱的就是①與②這兩種人。

在難以產生自己的情緒之餘，也過度容易受到其他人或周遭環境影響。**即使內心隱隱約約感受到什麼，也會在聽到其他人的話時立刻動搖，覺得「或許是這樣」**（因為模糊的情感贏不了明確的話語）。

如果是不重要的小事倒無妨，但如果事事都維持這種狀態的話，腦部就會養成凡事交給他人決定的壞習慣。

沒辦法確實將自己的情感「化為言語」的話，不知不覺間就陷入壓力過大的狀態並不罕見。

這類人的共感能力很高，對周遭人來說通常是非常好的人，但是這份溫柔卻來自無法充分展現自我所致。

為什麼好人總是煩惱不斷？

以個人經驗來說，像①與②這種右腦感情系統與左腦感情系統發達程度落差大的人，性格上很容易出現下列這些特徵。

- 處事圓融且好相處
- 極度以他人為重，輕易犧牲自我
- 盡量避免坦率表達自己的主張
- 謹慎且討厭風險

‧無法耍點小聰明或是違背他人意願

這樣的人很好相處，如果身旁有這類人，相信大家都會很願意與對方交朋友。個人同樣很喜歡這種類型的人，也認為這是深受大家喜愛的個性。

但是，這樣的「性格」儘管受人喜愛，往往卻也是煩惱的根源。因為容易親近，聊起來很輕鬆，無論是好人還是壞人都能輕易靠近，所以容易惹來沒必要的麻煩上身。

如果處於身邊都是好人，可以安心的環境倒是無妨，但如果碰上我行我素的人或是控制狂，就會毫無招架之力，進而導致嚴重的壓力。

處事圓融、自我犧牲、避免過度自我主張、慎重、不願意耍小聰明，這幾個關鍵字拆開來看無疑都是讚美之詞，可是全部匯集在一起，從負面的角度來看時，就可以整合成下列三點。

容易變成濫好人的性格是……？

處事圓融且好相處

極度以他人為重，
導致輕易犧牲自我

盡量避免坦率表達自我主張

謹慎且討厭風險

無法耍點小聰明

**這種類型的人容易
抱持這類煩惱！**

❶不會主動行動，缺乏自發性

❷即使遭受攻擊也無法反擊，缺乏攻擊性

❸不擅長應付複雜的事，會避免複雜的人際關係

明明是不容易惹人嫌的類型，卻屢屢在人際關係與職場工作碰壁、煩惱不斷的原因，就在於此。

「只是不懂得處理自己的情緒，就會對性格產生這麼具體的影響嗎？」相信有不少讀者看到這裡會非常驚訝吧。

當然現實生活上不會是百分之百，但理應大多數都會符合才對。

畢竟，「性格」有很大部分是由腦部狀態所決定。

無論是男性還是女性，腦袋發育狀態所造就的性格優點，勢必也會伴隨著各式各樣的煩惱。

這是我至今診斷過一萬多人的腦袋後所得知的事實。
來找我諮詢的人當中，甚至有人表示：「醫生，您彷彿這三十年來都一路看著我成長一樣。」

04

一遇到他人表露情緒，就會產生「壓迫感」

與人相處時，總是很難表現自我

左腦感情系統腦街區（自我情感）較弱的人，不擅長帶動他人的情緒，但是卻很容易深陷在因他人而起的狀況中。因此當他們被委託額外工作，或是面對不感興趣的邀請時，通常也都拒絕不了。

搞不清楚自己的情緒時，只要接收到周遭的「負面情感」，就算只有少許仍會感到厭惡。

「這種事情任誰都討厭吧？」各位或許會這麼想，但是無法招架他人的影響力時，受到的影響會比正常更加嚴重。

對方的情感擋在眼前（很在意）！

不擅長處理自己的情緒時，就很容易一直感受到其他人造成的壓力。

他人的情感會化為「牆壁」猛然堵住去路，導致難以主動前進。

像是「不想因此被人討厭」、「討厭被拒絕」等，宛如不敢向心儀對象告白的狀態倘若一直持續下去，就會變得愈來愈難以展現自己。

尤其當這類人與對他人喜好等「情緒」都會清楚表現出來的人對話時，這種「無法清楚地展現自己情緒的傾向」就會變得愈來愈為強烈。

因此，當對方愈是展現出強烈的情緒，

感情腦容易被「對方的情緒」支配！

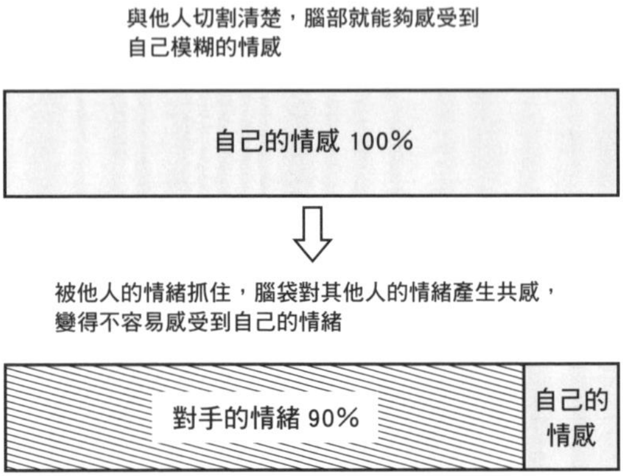
與他人切割清楚，腦部就能夠感受到
自己模糊的情感
自己的情感 100%
被他人的情緒抓住，腦袋對其他人的情緒產生共感，
變得不容易感受到自己的情緒
對手的情緒 90%
自己的
情感

自己的情感就會被推回內心深處。像這樣被對方的情緒吸引了注意力之後，就很難感受到自己的情感。

這就如同對方的情緒在腦中所占比例遠高過於自己的情感。

結果會造成**無論自己的情感為何，都會與對方的情緒同步、產生共感，最後將對方的情感誤以為是自己的**（請參考章末的小單元）。

相較於模模糊糊的自我情感，他們更容易被明確且強烈的他人情緒所驅動，因此自然也比較傾向做出違背心情、不符合真心話的行為。

總是敗給強硬派，也不擅長應付多數派！

左腦的感情系統腦街區較弱時，就很難發現「自己想這麼做」的情緒。因此遇到主張強烈的人提出斬釘截鐵的意見時，就會順水推舟地做出不符合真心的選擇。

舉例來說，在考慮搬家的時候不小心簽了沒那麼喜歡的公寓，事後才感到後悔的案例並不少見。

遇到房仲用「這種很好」、「肯定很適合你」等說詞強烈推銷時，就在還沒想清楚的情況下當場做出決定。

即使原本打算再看兩三間，卻覺得讓他人再為自己勞心勞力很不好意思。

這類人面對會強行表達出情緒的人，就會受到非常大的影響。

此外，也敵不過自己擅自想像出的「多數派理論」。

以選公寓為例，會想著「雖然不覺得是多好的物件，但是通常這樣就會簽約了吧」、「雖然對我來說太貴，但是這樣的租金對大家來說很正常吧」，**然後行動時就會將自己想像出的「大多數的人（多數派）」當成基準**。

這種依循大眾模式以做出安全選擇的傾向之所以過度強烈，就是缺乏自我所造成的負面問題。

有標準的基準可以參考時比較不容易失敗，但是這類人並未搞清楚自己的需求，只是很快就被牽著鼻子走，所以往往會做出不太滿意的選擇。

總是配合周遭人時，就會造成「他人比自己正確」的價值觀。因此若是沒有特別討厭，或是看起來沒有明顯問題時，就會半推半就地接受。

甚至有時會連自己內心的不對勁與自己的特質都全盤抹煞。

這往往是煩惱生成的根源。

記錄帶有「情感」的詞彙

「和他人相處時會因為壓迫感而無法表現出自我」時，就試著記錄身旁人「在表現情緒時使用的詞彙」吧。

舉例來說，當朋友很興奮地喊著：「你看！這個包包很可愛對吧！」或是主管煩躁地碎碎念：「什麼？還沒做嗎？你之前都在做什麼？」

試著記錄下來，下次遇到相同場景時就說說看吧。

就算只是試著說出口一次也好，覺得「這種話我說不出口」也好，只要擁有許多「語彙與情緒組合」的庫存，就比較容易察覺到自己的情緒並表達出來，遇到他人對自己宣洩情緒時，也比較懂得保持距離以避免被捲入。

遇到會表現出情緒的人而覺得有壓迫感，是因為沒能表現出自己的情緒所致。像是違背他人期許的情緒、對他人的負面情緒等，這些情緒都比較難表達出來，所以先備妥相關表達的庫存量比較好。

一個人在負面情緒較少的環境中成長時，會因為不習慣否定他人或是遭受否定，所以會特別不擅長隨著喜惡等情緒應對他人。

因此遇到他人委託時，就很難說出：「我討厭你，所以恕我拒絕。」相反地，要是遭受如此待遇時，也就會備受衝擊。

但是儘管經歷這些經驗，仍然可以確實用言語表現出情緒的人，人生通常也會過得比較精彩。

COLUMN

非到緊要關頭，就無法逼出符合情緒的行為

總是受到周遭人擺布，也就缺乏產生自我情緒的機會。在尚未藉左腦將情緒化為言語的階段，此時會產生的只有隱隱約約的情緒。

這種隱隱約約的情緒庫存，有時會在遇到遭遇威脅等迫切事態時，突然得以化為言語。

雖然是部老電影，但是用《畢業生》（*The Graduate*）這部作品來作比喻，相信各位就不難理解。

在這部電影中，達斯汀・霍夫曼飾演的主角來到前女友的結婚典禮。新娘看到主角現身後，才突然體認到潛藏在內心深處的愛意，她坦承：「我果然還是比較喜歡這個人。」於是就和主角私奔了。儘管她到剛才為止都準備與新郎結婚，卻仍然做出如此表現。

各位可能會覺得這個行為無異於逃婚，實在很過分，不過新娘其實就是事到臨頭才在周遭條件影響下而採取行動的典型例子。

05

捲入他人情感，就無法保有自己的步調

與心情不好的人共處一室，情緒也隨之低落

搞不清楚自己的情緒時，會對周遭人的情感敏感，較容易受到影響。職場等場所有會表現出不高興或是因為愛操心而到處發洩不安情緒的人時，就會被對方的情感捲入導致無法自由行動。

他人對自己表現出不高興的態度時，就會暗自猜想「是我的錯嗎」而畏縮，沒辦法表現出自己真實的樣子。

而和愛操心的人待在同一個空間時，連自己都會不由得變得憂心忡忡，進而失去挑戰和克服的幹勁。

無法不在意他人心情的時候，就很有可能是這個場所對自己來說，並不是能夠安心的環境。

「感覺隨時都有可能發生什麼討厭的事情」——像這樣滿懷著不安感，會讓人只顧著防備警戒而遲遲無法鬆懈下來，注意力也一直沒辦法集中。

面對真正討厭的事情、討厭的對象，一般只要拉開距離，採取物理方式隔絕開來即可。可是身處於職場環境，就連辦公座位都無法自行決定，因此要遠離這些人事物並非易事。

我也曾經有過這樣的經驗，無論多麼想要「無視」，腦袋仍不由自主地被在意的人事物拉走注意力。

「這個人昨天明明沒問題，今天又不高興了。」因為連這種細微的變化都會注意到，所以只要對方踏進同一個空間，即使彼此之間沒有嫌隙，仍會產生「啊~他來了」的想法並感到疲憊。

被環境左右，常改變關注的對象

此外有時候不知為何，明明到昨天都還不在意周遭狀況，今天卻在意得不得了。我在接觸許多人之後，發現這種現象有時源自於「感覺安全距離」的變動。

「感覺安全距離是什麼？和個人安全距離有什麼不一樣嗎？」或許有的讀者看到這裡，會產生這樣的疑惑。

個人安全距離，是指站在當事者的角度，希望他人不要再更靠近的距離。感覺安全距離，同樣也是從當事者的角度出發，是指靠近到這個程度時會認知到的距離。

舉例來說，在超市的收銀台前排隊時，有時隔壁收銀台的店員會主動招呼其他排隊的客人，並表示：「這邊可以為您結帳。」

可是另一方面，也有即使大排長龍仍專注於眼前的客人，或是完全不在乎周遭狀況只在意眼前的店員。與其說是對方不在乎，其實往往是他們的感覺安全距離較小，所以可以注意到的空間較狹窄所致。

除此之外，假如有人從遠處對自己說話，有時會發生即使有聽見卻沒真正聽進大腦裡的狀況。這也是因為如果對方不靠近說話，自己就無法認知到的關係。

人們在接收外部資訊的時候，大部分的情況下都是聽覺與視覺並用。

聽覺與視覺的感覺安全距離因人而異，有時視覺上能夠認知遠處的事物，可是和他人說話時，卻會因為距離不夠接近而難以理解。

事實上，前來我的門診尋求協助的病患當中，也有不少很難把話順利傳達給對方的案例。

像這類情況，通常是因為對方能夠專注的距離很短，所以只要彼此間的物理距離稍微拉長，不論怎麼傳達都無法好好傳進對方心裡。碰到這類案例時，我會在做完這方面的解釋後，接著再進入對方的感覺安全距離說話，而這麼做也確實使彼此的溝通更加順暢。

維持「自我步調」的祕訣

對周遭很敏感的人當中，也有感覺安全距離的範圍會依據狀況條件或日子改變的情況。

感覺安全距離太長，會接收到很多沒必要的資訊；感覺安全距離太短，又可能將重要的資訊排除在外。

即使是對外部環境很敏感的人，當然也是只要感覺安全距離較短，就比較不受外界影響。

看在其他人的眼裡，可能會覺得：「待在這裡和待在那裡不都一樣？為什麼會那麼在意呢？」但是當事人卻是處於只意識到自己在意的事情，沒有意識到的事就毫無自覺的狀況。

不被感覺安全距離擺布的訣竅之一，就是依當天的心情，改變自己所待的場所。

有時在平常的場所專注於工作，結果一有認識的人來訪，感覺安全距離就跟著拉

認知距離短一點，也會更輕鬆

感覺安全距離狹窄時，
即使身旁有人也不怎麼在意……

感覺安全距離寬廣時，
只要身旁有人就會覺得疲憊……

長，不由自主留意對方與對方的周邊情況。因此可以的話，請找出三至四個方便自己專注工作的場所，只要在工作或學習的過程間視情況換位置即可。

不過，假若職場或學習環境無法輕易調換位置的話，建議有這類煩惱的人不妨參考196頁的冥想法。

以我至今接觸過的人來說，對外部刺激愈是敏感、愈容易被環境影響的人，愈喜歡「自己的空間」這句話，也會頻繁掛在嘴邊。

畢竟，世界上沒有誰會比這樣的人更難在「自己的空間」行動。

即使無法掌握情緒，也能有效做出判斷

希望有人能推自己一把！

即便是容易受到周遭影響的人當中，也依然有「希望獲得他人認可再付諸行動」的類型。

這類人由於自己的內心難以清晰浮現「我想這麼做」的情緒，所以如果旁邊沒有人說「試看看吧」、「我覺得不錯」，並在後面推一把，他們就沒辦法具體認知到自己的情緒。

「爸爸，這個該怎麼做才好？」「媽媽，這樣可以嗎？」或許有些人從小就像這樣，習慣聆聽他人的意見才決定行動。

雖然這類人聽到別人說出「要這樣做，要那樣做」的建言後就能流暢行動，可是卻不擅長主動做些什麼。

有時候即使長大成人了，也會在餐廳詢問同伴：「我可以點這個嗎？」這就是腦袋已經養成壞習慣，希望每個行動最終都能「獲得他人認同」。

以前有位來門診諮詢的患者，向我訴說他的煩惱：「我因為大學報告，壓力大到睡不著覺，結果就開始胡思亂想，就連打電動時也揮之不去。」

這位患者擁有很高的智商，每次交出的報告都得高分，儘管如此卻仍痛苦得不得不來看診。

可是正當我開出藥單，建議對方很痛苦的時候就吃個藥的時候，他卻拒絕：「我媽媽說不可以吃藥。」

換言之，但凡別人對他下達任何指令，他就會很在意這個指令，導致無法下定決心做出行動。

結果兩年後這位患者又來報到了，這次說著：「我和媽媽商量之後，她表示適時吃點藥也無妨。」由此可知他很仰賴母親的認可，程度嚴重到必須花上兩年的時間才能夠得出這個結論（結果他在這段期間已經休學了）。

從「判斷」生成「情緒」的結構

從前面的例子中我們可以確認，當一個人的內心無法清楚浮現「想這麼做」的情緒時，就很容易依賴周遭人給予意見。

如此一來，即使行動後的結果不盡理想，也不是自己的問題，所以或許內心也較不容易感到衝擊。但是，倘若長大成人後仍一直維持在這樣的狀態，就會持續累積肉眼看不見的壓力。

毫無節制地追求他人推自己一把的，通常都是屬於不擅長「自己預測未來發展」的人。

尤其搞不清楚自己情緒的人當中，有許多人都不習慣藉由預測未來發展決定行動，像是制訂計畫或是從目標反推回來等。

因此會對自己的感覺沒有信心，下意識將判斷交給他人。

想要學會自行獨立決定自己的事情，就要有自覺地訓練自己在採取行動的同時，先一步預測未來的發展。

依循邏輯思考事物並判斷「做或不做」的部位，是腦部的「思考系統腦街區」。而思考系統腦街區是負責以邏輯思考事物並下達判斷的領域。

養成「預測未來並行動」的新習慣，取代讓別人推自己一把的舊習慣，就能夠鍛鍊思考系統腦街區。

這件事情之所以重要，是因為**我們在做出某種判斷時會產生相應的情緒，有時情緒也會影響判斷**。

舉例來說，即使是沒興趣的事情，只要判斷對未來是有益的，就容易產生「必須先學習」的情緒。

從結論來看，思考系統腦街區與感情系統腦街區這兩個部位，在大多數情況下會互相刺激、影響並作用。

只要秉持正當名義，就能努力行動

即使搞不清楚自己的情緒，只要有「正當的名義」就能夠自動自發的人很多。這是官僚體系中常見的類型，「必須這麼做才行」的使命感與責任感會成為原動力，促使他們發揮實力。

即使一開始只是他人交派的工作，也可能在積極應對的過程中，逐漸對自己的判斷產生自信，因此**在選擇職場的時候，選到較易於發揮實力的環境是非常重要的。**

此外，如果是孩子缺乏自發性的話，也可以用「你將來會成為〇〇喔」之類的話語賦予其正當的名義。

或許有人會認為這是父母剝奪孩子自由的作法而感到倒胃口，但是要讓孩子培養出自我情感並找出自己的目標，是需要一段時間的。

「你將來想做什麼？」像這樣詢問之後，往往也會只得到孩子「嗯～不知道」的含糊回答。

「要上大學嗎？」「嗯，該怎麼辦呢？」

我到底是什麼樣的人呢？我該做什麼才好呢？我沒有什麼想做的事情耶！結果就一直漫無邊際地想著「我這樣」、「我那樣」，卻始終抓不到重點。

很多孩子即使缺乏自發性，只要有人願意指引方向就願意努力，所以暫時性的也好，做父母的與孩子一起共享目標，推孩子一把也是不錯的方法。

愈多回饋，愈容易產生自我情感

天天戴著虛擬面具，總是「全副武裝」

無法注意到自我情感一事，不僅與腦部運作有關，這樣的人也可能是習慣將學歷、社經地位等自信來源當作「鎧甲」而活。

或者是將宗教、某種思想、尊敬對象的思維等，直接取代自我情感。尤其是個性容易擔心的人，相較於自行判斷事物，相信其他的某個人事物會比較輕鬆。

這時產生的情緒就不是真正的自我情感，只是以一個虛擬的自己過日子罷了。

要說這些人為什麼能夠無視自己的情緒卻不出問題，只是因為碰巧這種鎧甲與信念有助於工作與生活。

但是缺乏與他人的情緒交流時，彼此之間就沒有回饋，自然也會更搞不清楚自己的狀況。

工作方面不用表現出自我情感也能夠完成，在家裡等私人空間也無法表現出私密的自我情感時，和他人的關係就可能出現摩擦。

渴望他人認同，是「想了解自己」的情緒表現

特別渴望他人認同的人，會下意識想知道別人是怎麼看待自己的。**愈是因為搞不清楚自己而難以表現出自我情感者，就愈想參考他人的意見。**

他人的回饋有助於察覺、生成自我情感，是非常重要的。得到的回饋太少時，就難以培養出自我情感。

可是另一方面，也要學習如何處理他人的回饋才行。

受到周遭人喜愛者，平常都會被稱讚或是獲得溫柔的對待，體驗較多正面回饋有

藉由他人的回饋培養自我情感

助於提升肯定自我的自我情感認知功能。

相反地，如果平常獲得的回饋都是「你這個人不行」、「要我說幾次你才會」等負面回饋時，就會認為自己真的不行。

如此一來就會更加追求他人的認同，對獲得認同的渴望會更強烈。

然而，處理回饋的方法，便足以改變對自己的認知。

舉例來說，假設他人告訴自己：「你那種說法讓我很受傷。」

這時就全盤否定自己，認為「我這個人很糟糕」絕對不是正確的做法。

不應該這麼看待他人的回饋，而是應想著「這次做錯事了，下次要溫柔一點」、「我一直以來都沒有仔細思考自己的表達方式，以後要多注意一點才行」、「沒想到竟然會引起這種想法……，看來我改調整一下自己的溝通方法」等，著眼於自己沒做好的「部分」，並改善即可。

試著將大量的回饋化為讓自己活得更好的力量，就有助於提升自我認知，增加自我情感。

性別與感情腦的關係

性別不安的人，對周遭敏感度也倍增

話說回來，我的門診也很常有性別不安者造訪。

很多人想要解開自己內心的謎團、認識核心，期待著解析自己的腦部就能夠知道這一切。

為什麼我會突然提起性別不安族群呢？儘管不是每一個人都這樣，但是抱有性別不安煩惱的人，無論自我認同性別是男性還是女性，都普遍有「攻擊性較低，且對周遭較敏感」的傾向。

「嗯、嗯嗯。」他們會認真傾聽他人的談吐，深得同性與異性的好感，也會非常在意他人說出的每一句話：「原來我有這樣嗎？沒想到別人是這麼看待我的，怎麼辦？」他們會真心接受這些想法，如果有人建議「下次可以這樣做」時，通常也會誠懇地照辦。

這項特質，其實與搞不清楚自己情緒的人十分相似。

以我觀察過的範圍來說，性別不安者往往都是在長大成人後才確認自己的性別，真正做出性別轉換的時間也通常是三十多歲之後。

這是因為，沒有隨著腦部的成熟培養出自我情感，就無法確定自己究竟是想作為女性（或男性）而活。

什麼是「海馬迴遲緩症」？

這種容易煩惱的誠懇特質，與注意力缺失症（ADD）、注意力不足過動症（ADHD）是相同的。

再者從腦部來看，有性別不安與發育障礙的人，很多都同時具備海馬迴遲緩症這種症狀。

所謂的海馬迴遲緩症，是我至今用ＭＲＩ（磁振造影）診斷許多人的腦部後發現的現象。主掌記憶的海馬迴（記憶系統）與主掌情動的杏仁核（感情系統）發育較慢時，隨之產生的症狀即是海馬迴遲緩症。

對周遭環境過於敏感、容易被他人言行影響等特質，可能與主掌情動的杏仁核發育程度有關。

不過海馬迴遲緩症只是腦部發育過程中，局部發育速度較慢，並非腦損傷。腦部在長大成人的過程中會受到鍛鍊並成長，症狀也會逐漸減輕。

這邊再換個話題，有報告顯示相較於異性戀者，蕾絲邊、男同志、雙性戀（ＬＧＢ）罹患憂鬱症、焦慮症的風險高達一・五至二・六倍（King et al. 2008）。

此外，相較於沒有注意力不足過動症的成人，有注意力不足過動症的成人成為雙性戀的機率較高（Barkley, Murphy, & Fischer, 2008）。

從這些報告結論我們可以得知，ＬＧＢＴ族群相比於異性戀族群，更容易陷入精神方面的問題和症狀。

- King, M. , Semlyen, J. , Tai, S. S. , Killaspy, H. , Osborn, D. , Popelyuk, D. , & Nazareth, I. (2008). A systematic review of mental disorder, suicide, and deliberate self harm in lesbian, gay and bisexual people. BMC Psychiatry, 8, 70 10.1186/1471-244x-8-70
- Barkley, R. A. , Murphy, K. , & Fischer, M. (2008). ADHD in adults: What the science says. New York, NY: Guilford Press.

COLUMN

將他人的情緒，誤當成是自己的情緒

有些人在戀愛經驗上，只要接收到其他人傳達的好感時，就會誤以為是自己的心情，進而對對方抱持好感。

這項特質在無法將情緒化為言語的人當中，占比壓倒性地多。

左腦的自我情感空蕩蕩時，就會將右腦接收到的他人情感誤認為自己的情感，這個現象是常有之事。我們沒辦法將左腦與右腦的情感分開，也就隨之產生「自他混淆化」這個問題。

「我應該沒有這種情況吧。」或許讀者之中有人會這麼認為吧？但其實很多人都經歷過這類經驗。

舉例來說，欣賞現場的喜劇表演時，即使自己並不覺得有趣，但只要周遭人都在笑，就會誤以為是自己的情感而樂在其中。

外食也是如此，有時只要同行或旁邊的人說「超級好吃」時，自己也會覺得特別美味。

自我情感能力愈弱的人，就愈容易發生這類情況。很清楚自己情感的人，即使同樣也會參考周遭意見，仍然會以「不符合我的喜好」、「確實像他說的那樣」的感覺，在評價時依然以自己的想法為主，比較不容易因為別人開心就跟著感到開心。

從這個角度來看，似乎受到享受生活的人影響，比較容易擁有快樂的人生。

儘管如此，「將他人的情緒誤認為自己的情緒」這一點還是必須留意，最恐怖的危害莫過於受到負面影響。

舉凡和膽小鬼待在一起時也會害怕挑戰，和老是抱怨的人在一起也很容易對任何事物感到不滿。或者感覺「那個人好像討厭我」而深深苦惱時，可能自己也不曉得該怎麼和對方相處。

總而言之，倘若各位覺得「最近很不像自己」，這時候建議請重新審視自己的人際關係。

第 3 章

放棄總是配合他人的壞習慣，生活就會變輕鬆

01

不經意地配合現場「氣氛」，你是否有這種壞習慣？

他人不合理的期待，仍會勉強自己達成

搞不清楚自己情緒的人，不知不覺間會違背自己的情感配合他人。即使這不是自己的真心，仍依照當下狀況隨他人起舞，回家後就陷入自我厭惡。

這種情況通常是無法對他人說出反對意見，又沒辦法瞬間確認自己的情緒，所以就姑且按照他人的期待行事。

舉例來說，各位是否有過這樣的經驗呢？

「這次能夠順利都多虧了〇〇先生的點子，你也要向他看齊多努力一點。」聽到

主管這麼說時，卻無法說出「想出那個點子的不是〇〇先生而是我」這個事實，只能附和主管表示：「真不愧是〇〇先生，真是獲益良多。」

和鄰座同事討論公事時，心情惡劣的對面同事卻遷怒道：「安靜一點啦！你的聲音讓我很煩躁！」也只能承認自己造成干擾而道歉：「不好意思……」

會演變成這些情況的理由，與腦部運作有關。

優先迴避眼前壓力的生存本能

人們遇到難以說出口的事情時，血壓會上升，交感神經也會加強運作。

接著會分泌與幹勁有關的多巴胺、讓人變得好戰的腎上腺素等神經傳導物質，幫助我們實際有所行動。

這是遇到關鍵場面而緊張時會產生的反應。

但是容易配合現場氣氛的人，平常完全沒有養成分泌腎上腺素，促使自己提出替代方案的習慣。

搞不清楚自己想怎麼做的時候，就會敗給腦部機制——「不想緊張」、「不想承受壓力」。腦部會追求輕鬆，因此還沒決定具體要做的事情時，就會以迴避眼前緊張或壓力為優先。結果造成腎上腺素難以分泌，讓人難以說出真心話。

困擾時，不妨試著沉默吧

對話時，對他人的話語產生共感或是附和對方都是正常反應。

這是因為大腦中存在著「不想破壞對方的心情」就等同「避免破壞自己的心情」此一公式，所以附和就成為一種自保的方法。

但是強迫自己認同不是事實的事情、為自己沒做錯的事情道歉等，儘管當場會輕鬆一點，事後會立刻化為龐大壓力降臨。

輕易配合他人的理由之一，就是大腦已經學會「採取不礙事行動」這個模式。

已經有模式化的行動時，腦部就會製造出合理情況下的最短運作途徑，稱為「腦

有時可以保持沉默，讓對方自行察覺

部自動化」。

因此即使內心產生不快的情感，浮現「嗯？」這類質疑的時候，咀嚼不快情感並將其化為言語的速度，無論如何都會比已經模式化的行動還要慢。

在要做出模式化行動的時候踩剎車，說出「這樣很奇怪喔」的意見時，卻會因為不具備其他模式，所以不知道該說什麼才好、該做什麼才好。

這裡建議各位一個方法，當你想不出來該說什麼的時候，不防就保持沉默，如此一來理應能夠向對方傳達出自己不完全認同的立場。

如此一來不必刻意否定對方，也不會違背自己的真心。

有時候儘管想說些什麼，可能說到一半就搞不清楚自己想說的內容，或者是說到一半忽然變成和心裡原先所想性質不同的事，卻因為下不了台而放任話題朝著截然不同的方向發展，腦袋也變得一片空白。

這個時候，即使話還沒說完，與其勉強繼續說話不如暫停下來，藉由沉默讓自己保有思考的時間。而且中途打住話題，也能夠幫助對方注意到：「啊，看來是想修正之前說的什麼吧？」

事發當下的「情感」，需要時間生成「情緒」

事件與語言存在時間差

大多數的情況下，能夠立刻化為言語的是與強烈事件相關的情感，或是反覆輸入過的情感。

此外與回憶有關的情感，也可能因為已經過了一段時間，所以突然知道該怎麼化為言語，進而變成明確的心情。

最常見的就是「事後愈想愈生氣」的現象。

明明不打算這麼做卻輕易配合他人時，通常會在獨處時陷入自我厭惡。

代表又增加一個「迴路」

在心思朦朧之間（這就稱為「思維徘徊」）不由自主浮現「為什麼當時要採取那種態度呢？」的想法。

這是因為隱約感受到的不快情感，經過長時間的醞釀才終於化為言語所致。

左腦感情系統腦街區愈是發育不足，要將情感化為言語就需要更長的時間。

有時甚至會在幾年後才突然想起來，而得以輸為言語。

這並不是什麼壞事，因為腦部迴路會在這樣的循環下慢慢建立出來，久而久之就懂得為「總之先配合對方」這個行為踩剎車。

儘管很辛苦，但是隨著經驗累積，或是

透過電視劇等意識到自己的情緒：「沒錯沒錯，我當時也是這麼想的！」就比較容易將情感化為言語，改善輕易配合他人的壞習慣。

未整理的不快情感，不會因此消失

愉快情感與不快情感都與記憶關係密切。與記憶連結的愉快與不快，都會隨著記憶浮現，視情況還可能事後又對記憶加油添醋。

人類會整理自己的情緒，但是還沒注意到的情感就整理不了。尤其是放任不快情感持續累積，就會形成壓力。

強大的壓力會讓人產生喉嚨緊緊的、容易感冒、嚴重的肩膀僵硬等問題，因此很多人都是直到身體出現某些症狀後，才注意到內心的壓力。

我認為，愈是沒辦法將自我情感化為言語的人，愈容易對周遭過於敏感也是其中一項表徵。

對周遭敏感導致壓力增加時，會因為龐大的壓力又對周遭更加敏感。

相信很多人都有過心情煩躁時，就會特別在意身處周遭的雜音，而難以專注於眼前事物的經驗。

第一個練習，試著將「事件」化為言語

訓練自己將情緒順利化為言語的第一步，首先建議培養寫日記的習慣，盡情寫出當天發生的事件，或是和他人聊聊日常瑣事。

只要意識到要化為言語的不是情緒，而是實際發生過的事情時，心情上便會輕鬆許多。

其中特別推薦向他人分享，因為他人有不懂的地方時會提問，或是可以協助補充沒注意到的地方，有時候甚至能夠代為說出自己想說的話。

即使沒辦法說得有條有理，只要他人針對部分提出詢問，再針對該處回答的話，

應該就可以將言語化的難度降低不少。

將腦中所想化為言語表達出來，是腦部「傳達系統腦街區」的功能。

將情緒化為言語，則與左腦的感情系統腦街區和左腦的思考系統腦街區有關。

只要傳達系統腦街區能夠活絡運作，自然能夠刺激感情系統與思考系統，讓人得以更輕易表達出自己的情緒。

COLUMN

什麼是思維徘徊？

倘若搞不清楚自己的情緒，每當需要下決定，或是推動事物的進展時，就會有延遲的傾向。

其中一個原因，就是接收到的資訊會在無意識間在腦中繞遠路，而這就稱為思維徘徊。

舉例來說，在學習或工作時不經意思考起「昨天說的話，要是被大家誤會該怎麼辦」，回過神來才注意到自己整整一個小時什麼事情也沒做。各位是否有過這樣的經驗呢？

平均每個人在一天的警醒時間當中，大約會有一〇～二〇％的時間會像這樣，突然思考起與當下事物無關的事情。

可是有些思緒容易分散注意力，因此有人甚至會花上四〇～五〇％的時間在思維徘徊。由於將近一半的時間都沒有把心思放在當下，讓人變得很難專注於眼前的課題。

而且這種情況通常會是不斷思考著身旁發生的負面事件，我們的注意力往往不會放在脫離日常的天馬行空，或是開心的事情上。

筆者個人提出的假設是——在思維徘徊耗費長時間的人，會不會是心思不在當下的狀態，已經化為自己的情緒呢？

平常沒有發揮腦部潛力的話，腦部的警醒程度就會降低，然後思維徘徊的次數就會不可思議地增加。

腦部警醒程度降低卻仍在思考，這個論述乍看似乎很神奇，不過我在想或許人們就是為了趕走睡意，才會陷入思維徘徊的吧。

這與夜間容易在網路上亂逛、沉迷於遊戲，或是花太多時間看Youtube的現象幾乎相同。

以我的經驗來說，容易陷入思維徘徊的人，參加直接與人接觸的志工活動時，比較容易做出良好的表現。

因為有人在眼前時比較容易專注，且能夠敏感察覺他人情感並做出相應的協助，通常也會使被幫助的人感到開心。

動動身體並慢慢增加自己該做的例行事項，積極填補腦中的空白時間，也是改善思維徘徊的方法之一。

和強勢者對話，要秉持「會議」心態而非閒聊

面對攻擊性強的人，走為上策

至於搞不清楚自己情緒的人，在人際關係方面尤其要注意的，是面對想到什麼就做什麼的「強勢者」時要格外謹慎。

並不是說強勢不好，**只是自我情感薄弱的人，很容易受到強勢的人影響，變得難以拒絕而已。**

強勢的人當中，有一定程度是屬於「為了能夠順利做到自己想做的事情，會按照自己的需求，要求他人配合」的類型。他們的腦部直通肢體行動，所以會為了讓腦部

順利運作，想辦法讓共事的人成為適合運用的「左右手」。

相反地，自我情感薄弱的人，即使沒有遇到前述這種人，也具備察覺他人情緒並多加顧慮著想的特質。因此與強勢的人相處時，雙方都會將這份特質視為理所當然，導致自我情感薄弱者很容易遭對方擺布。

即使事前已經徹底想清楚，也實際表達拒絕，但如果對方依舊很強勢的話，光是擋回對方的攻擊力是不夠的。

死纏爛打型的人會步步進逼，提出「既然如此就讓給我」、「這點小事你應該辦得到吧」等說詞。

面對攻擊性強的人時，想辦法拉開距離，避免對方得寸進尺，才是最重要的自保方法。

假若彼此之間又存在利害關係時，對自我情感薄弱者來說可以想見會是壓倒性的不利。

自我情感薄弱者，即使身為專案的負責人，有時依舊會在不知不覺間被強勢成員搶走主導權，讓整體專案朝著不符合自己想法的方向前進。因此當自我情感薄弱的人成為領導者時，請特別留意挑選成員。

盡量避免一對一的談話

除此之外，自我情感薄弱者也要留意會若無其事拉近距離，看似親切地提出「希望能交換資訊」或是「讓我們好好相處吧」請求的人。

這些人完全沒有「交換」的打算，只打算從他人口中獲得想法、創意或情報，依循自己的需求利用他人而已。因此他們不會向有可能會對自己提出同等要求的人主動搭話，也很少會虛心請教：「請告訴我。」

「那個東西不錯耶，你在哪裡找到的？」「那個人是什麼樣的人呢？」他們不會坦白說出目的，而是像這樣巧妙地引導出想要的資訊。

身旁有這樣的人時，會在不知不覺間被吸收許多能量，甚至慘遭利用。

正因為有這樣的情況，所以自我情感薄弱的人，必須慎重整頓出能夠讓自己安心工作的環境。

盡量避免與想利用他人的人進行一對一的閒聊或諮詢。

對方極力靠近時，也要用「會議」的心態，準備好相關對策。

所謂的對策，就是務必找可信賴的第三者一起參與。

第三者會成為被他人牽著鼻子走的門檻，預防陷於讓自己不利的立場。

安排第三者參與對話，是自保的祕訣

與對方一對一的諮詢或閒聊時，
很容易被對方牽著鼻子走

這時刻意透過「會議」，讓對方
必須平等看待我方的想法

04

過度在意對方的反應，沒辦法做出複雜的委託

看不懂對方的回答，腦袋變得僵硬

搞不清楚自己情緒的人，不擅長委託他人。

這是因為無法在事前預測對方的反應。

精準一點來說，是不知道「對方做出反應時，自己想要怎麼應對」。

當我們提出「拜託你了」，而對方回覆「沒問題」，按照這樣的脈絡推進時倒還沒問題，可是有時候人的反應十分複雜。

有些人會審慎思考才回覆，有些人會提出各種要求，當然也會有人當面拒絕。搞不清楚自己情緒的人，沒辦法在知道對方屬於哪種模式時，當下立刻判斷該如何做出

相應的反應。

此外自我情感薄弱的人，不擅長應付複雜的事情，會陷入非黑即白、不是答應就是拒絕的思維。

他們很難採用「雖然這部分沒辦法，但是這麼做的話或許沒問題」這種細分式的思維，或是只想著「至少先讓對方聽聽我的想法」。

自我情感薄弱的人腦中只有最短路徑的情況並不少見。

收集交涉說詞，增加談判庫存量

當然必須按照內容而定，不過通常在委託他人時，只要能夠經歷相應的階段，與對方構築信賴關係之後，對方就比較容易接受請求。

不擅長帶著策略處理事情時，從「**避免讓對方感到負擔的貼心**」這個角度去思考或許不錯。對方對於委託感到棘手時，當下的氣氛會隨著我方是否表現得貼心而異。

舉例來說，也可以試著縮減要求的內容。

委託事務太多時，就不要整個一起委託，而是細分成五份左右，請對方執行其中三份。確認對方三份做得來的時候，再以追加的方式請對方執行後續兩份，對方或許就不會覺得負擔那麼重了。

從委託方的角度來看，整個打包一口氣交給對方表示「拜託你了」是最輕鬆的，但是從對方的角度來看，要掌握整個情況並自行分配時間很費心力。

既然如此，就由委託方將工作切割成可以憑直覺執行的程度，再視時機慢慢交給對方，對方執行起來也會比較游刃有餘。

偶爾關閉探測雷達也不錯

自我情感薄弱的人通常比較畏縮，沒辦法主動向人搭話。

舉例來說，看到主管與同事經常聊天時就會覺得自己格格不入，認為「那兩個人情感真好」，並更難向主管說出：「請教教我。」

這類人會對氣氛很敏感，經常以「不能那樣問」、「主管不喜歡我」的想法克制自

己的行動。

此外，自我情感薄弱的人也有這樣的傾向──內心裡會區別出特定對象，設定為「就算被這個人拒絕也不會覺得怎樣」，於是便能夠抱持輕鬆的心情拜託這些人。可是遇到其他人時，就會忍不住揣測「拜託這個人，可能會被討厭」。

嚴格說來，想要拜託彼此處於競爭關係的對象做事，對雙方來說或許都是高難度的挑戰；尤其是不熟悉的競爭對手，要索取資訊時通常都會透過管道探聽，或是藉由人脈間接確認。

不過，有的時候其實只是自我情感薄弱者的內心分類過於嚴格，但只要鼓起勇氣向他人諮詢（即使對方內心也確實感到厭煩），有時對方也會在能力所及的範圍內適時提供協助。

想要克服「委託別人」的心理障礙，就必須有意識地練習降低敏感度，同時也不要過度探知他人的情感。

05

人與人的交際，保持「尊重」底線就好

過度的換位思考，並不等於同理心

自我情感薄弱的人，通常都相信「人性本善」。即使遭遇不好的下場，仍會試圖站在對方的立場，為對方辯駁：「說不定對這種事情感到火大的我才奇怪。」「那個人肯定也有苦衷吧？」但是對方真正的立場，或許就只是單純覺得這個人很好利用而已。

只要稍微感到「不快」，請先相信自己當下的感受，這點是非常重要的。

如果不這麼做的話，就會很容易發生他人貶損自己時依然畢恭畢敬、被賣了還幫忙數錢的情況。

即使搞不清楚自己的情緒，至少情感也會浮現「喜怒哀樂」的感受，因此當然也會有想反擊的時候，只是容易察覺到對方的情感或立場，進而自我克制而已。

這類人只要沒被逼到極限，都會忍不住顧慮對方：「我得避免造成對方的負擔。」「怎麼說也要考慮對方的立場。」

職場談判，不可讓對方認定「居上位」

考慮到他人當然很重要，但是如果讓對方認為「我處於上位」，很容易陷自己於不義。

這裡我想舉身邊的例子來說明。這是一位與我關係相當親近的熟人所發生的事，他與某企業的窗口人員聯繫，但對方卻頂著不可一世的態度，明目張膽地做出違約行徑，因此雙方起了衝突。

後來雙方坐下來討論時，當事人與其主管都明顯不認為錯在自己而保持沉默，導致談話進行不下去。

不曉得是為了維護大企業的尊嚴？還是考量到某種利益或損失？對方堅持不肯認錯，似乎想把事情混過去。

這位熟人事後檢討認為之所以失敗，是因為自己身為經營者，理應要求對方的社長出面卻沒有這麼做。

然而，正是基於「企業高層肯定很忙碌，或許不方便打擾」的顧慮，才會令對方毫無顧忌甚至得寸進尺。

遺憾的是，就是先有一方判斷「自己比較強」、「自己站在優勢」後，才會開始攻擊他人，或是泰然自若地做壞事、謊話連篇。

從結論來看，既然是對方率先不尊重我方，那麼我方也應該以直報怨，以同等的態度回敬對方才是。**反擊時的一大關鍵，就是要認定雙方的立場是平等的。**

身為主管的我，為什麼無法向部下提出忠告？

與部下同進退，也沒什麼大不了吧？

搞不清楚自己情緒的人，待人處事通常都很友善客氣，因此自然構築起良好的人際關係。

然而正因為他們缺乏自發性，所以一旦在公司組織裡升任到中間管理階層以上的職務，開始需要帶領部下之後，慢慢就會無法勝任這些管理工作。

身為部屬的時候，只要配合主管，說著「原來如此」附和意見即可，對他們來說相當輕鬆。但是一旦必須整合團體、帶動他人的時候，往往必須拿出堅定的立場，這樣的情況就會造成他們相當大的壓力。

自我情感薄弱的話，即使遇到部下我行我素，也會想著：「雖然違反公司規約，但是沒有什麼大不了的，應該沒必要特別提出忠告吧？」

自我情感薄弱的人很容易將他人（這裡指的是部下）行為視為正確，也傾向往不會造成壓力的方向思考，最後流於順其自然的放任模式。

抗拒表達自我，無法說出「自己的話」

身為管理階層，最重要的不是自己怎麼想，而是站在這個職位的人應該怎麼想。然而沒有搞清楚自己立場的人，往往會變得優柔寡斷。

前來診所諮詢的人當中，有些人認為「當然也可以罵人，但是我沒做過這種事情」，有人則認為自己的問題在於「生不了氣」。

然而事實並非如此，真正的問題在於搞不清楚該怎麼做，總是想著：「這樣也無所謂吧？到底該怎麼辦呢？」

換言之，這類人非常抗拒表達出「自己的話」。

聽到他人詢問「我該怎麼辦才好？」「該怎麼做呢？」的時候，也很難把自己的情緒化為言語並表達出來。

但是只要社長提出：「要好好提醒你的部下。」就會很快接受這件事情，想著「既然社長這麼說，我就多注意一點」。

自我情感薄弱的人很容易在他人影響下改變立場，總是搖擺不定，甚至可能把別人的想法誤以為是「自己的想法」。

但是既然身為管理階層，若是立場反覆無常、朝令夕改，下達指示時總是飄忽不定、模稜兩可，自然也很難獲得上司和下屬的信賴。建議這類人要經常檢視自我，捫心自問向上司回報專案進展，還是向下屬交辦事項時，平常的溝通對話是否都是搬別人的說詞來代表自己的立場？還是能夠有條有理地陳述自己的構想與作法，爭取對方的認同？

剛開始或許很辛苦，但是只要下定決心「展現出自己」，腦袋的運作就會愈來愈順暢。

沒有「不生氣」，只有「生不了氣」

順道一提，也有很多人「生不了氣」、「不知道該怎麼生氣」。這些人也會有喜怒哀樂，所以並非真的不生氣。只是該怎麼表現出怒氣，全依個人習慣而定。**當他們認為表現出怒氣是「不行」、「丟臉」的行為時，也只是變成沒辦法表現出來讓別人理解而已。**

怒氣終歸是無法完全壓抑的，即使以為自己完美隱藏，依然會透過其他言行或身體狀況顯露於外。如果成長過程中，身邊沒有會將憤怒表現出來的人，這樣的傾向就會特別強烈。

大家都該做好份內工作，但為什麼只有我受苦？

業務量分配不均，因不公平而煩躁

職場上的煩惱，很常出現在整理櫃子、為訪客倒茶這類大家一起做的工作。只要沒有事先分配好，不願意做的人與願意做的人之間，彼此的工作量就會漸漸拉開很大的差距，進而產生不公平感。

自我情感薄弱的人當中，就有人容易過度接受這種「誰做都行的工作」。其中一個原因是他們總是仔細觀察周遭，比其他人更容易注意到。另外一個原因則是我稱為「道德腦」的狀態。

人們對道德的敏感度，會大幅受到外在環境的影響。

通常職場內的人都很懶散時，後續進來的人也會比照辦理。待在道德感偏低的地方時，人們的道德感也會配合該處程度降低。

但是自我情感偏弱的人明明容易受到影響，為什麼偏偏在這時會獨自維持認真態度，接受這些工作呢？

過度努力的源頭，都來自「反抗」的心

這類人在決定自己的行動時，會參考的除了當下從環境取得的情報外，還包括從他人身上學會的規則、被分配的工作等。

其中，道德的優先程度相當高。因為這是在很早的階段就學會的事情，此外依循道德行動的話就不會被罵。

自我情感偏弱的人之所以能保持高度的道德感，其中一個主要的背景因素就在於他們會預設完成這些工作後「應該呈現」的模樣，導致「內心想像」與「現實」之間存在很大的落差。

雖然不遵守「做好份內工作」這個應盡本份的怠惰者們比較輕鬆，但是具備道德腦的人卻無法認同他們。

受到這些（令人覺得）缺乏道德的人蠻橫對待，讓道德腦進一步強化的現象相當常見。

例如曾被父母虐待，子女成長後就會加強「父母應寵愛孩子」這方面的道德感，並在內心不斷責備雙親的情況正是箇中典型。

比起努力，更需要「放棄看看」的勇氣

對周遭很敏感的人當中，也會有凡事都採取批判態度的人，這樣的心態往往源自於未能化為言語的「反抗心」。

然而，有時自己認定「非如此不可」的準則，在他人眼裡其實並沒有這麼重要。所以若是在哪一天察覺到自己與周遭人在做事方面出現溫度差後，就請試著配合他人

「放棄努力」與「不努力也無妨」也是選項之一

的步調看看吧。

只要沒有不便的地方，就不用再過度努力；相對地，倘若因此感到困擾時也不要獨自努力，說出來和大家一起想辦法吧。

除了前述特徵之外，道德腦形成時很容易對「放棄」這個選項感到抗拒。

以個人的實際經驗來說，以前就對「工作明天再做，現在先去睡覺」一事莫名感到害怕。

但只要試過一兩次把工作放到隔天早上後，腦袋就能夠理解：「把工作放到明天，現在先去睡覺也沒問題。」**因為試著做出不同以往的選擇或行動，就會產生不同以往的**

想法。

想像中的情況與實際體驗過的感覺是完全不同的。

實際嘗試過後，腦袋就會確實理解。

如果試著選擇「放棄」後還是耿耿於懷，就將這件事情視為自己的天性，果斷去努力的話心情也會比較積極吧？

對自我情感很清楚的人，懂得適時滿足自己的情緒，所以比較不會產生反抗心。

COLUMN

如何與精神病態者相處

情感冷淡且能若無其事說謊，也就是具有所謂「精神病態」要素，而且智商還很高的人，往往潛藏在人群之中（這裡要補充，精神病態患者是因為腦部會往精神病態的思維方向運作，自己無法控制）。

這類人會按照自己的需求施展話術，或是運用事實碎片捏造成截然不同的故事，會刻意演繹出美好的一面，並藉此操控他人。

如果各位讀到這裡，腦中有浮現某些身影的話，建議在遭殃之前保持距離才是上策。

容易成為精神病態者餌食的，是喜歡親近他人，並給予「好厲害喔」稱讚的人。尤其是缺乏自發性的人，會坦率地對精神病態者露出欣羨目光，而這樣的注目會成為精神病態者的能量。

精神病態者說起謊來如同呼吸一般流暢，也很擅長洗腦身邊的人，因此他們最討厭會看透這些的人，因為他們會刻意塑造出「希望呈現的面貌」，可是這些面貌卻會遭那些人戳破。

倘若發現自己好像踏進精神病態者的圈套時，先以「又在誇大其辭了～」「精神病態者登場！」的感覺，在內心為對方貼上「會說奇怪謊言的人」這樣的標籤，就比較容易牽制對方的一言一行。

可是，精神病態者有時會對看破自己謊言的人，採取徹底的「說壞話攻擊」。精神病態者會用他們擅長的思想操弄，在所處環境打造出「那個人很奇怪，我比較厲害」的氛圍，降低對方在團體中的可信度。他們不會直接使用「我很厲害」這種直接的表達方式，而是會從外圍慢慢鋪陳，直到滲透核心。

「會吵的人有糖吃」、「等他人講了才行動就輸了」、「謊言說一百次就變真的」這些日常俚語，都是精神病態者最擅長的招數。

乍看之下很可怕，但只要最終精神病態者判斷出「即使說這傢伙的壞話，也無法奪走什麼，對我來說沒有好處」情勢的話，就會主動爽快離開了。

順道一提，分辨精神病態者的方法之一，就是一旦感覺到「無法想像這個人打從心底感謝他人的模樣」這樣的徵兆時，就很值得懷疑了。

第 4 章

建立思考新迴路，輕鬆助大腦提高「自我情感」

01

渴望和大家一樣，無異於放棄自己的人生跑道

因為不擅長才做不好，但真是如此嗎？

搞不太清楚自己情感的人當中，有很多人非常憧憬「和大家一樣」。擅長聊天、融入團體、擁有興趣、順利就業——因為他們覺得這些對其他人來說理所當然的事情，自己卻做不好。來門診的患者當中，就有許多這樣的人。

對自己的情緒一無所知，卻敏感察覺其他人的情感時，很容易以他人的目光為思考基準。

舉例來說，有位在理工大學念書的優秀學生，某天突然休學重考進入其他大學的法學院，理由是「高中時很不擅長國語，所以想去文組的學院克服」。

他大學畢業後打工兩年後，過著每兩三年就換一次工作的人生。這次的理由依然是「想從事能克服不擅長事物的工作」，就這樣在重視溝通的工作之間輾轉多年，回過神來已經過了三十五歲。

他同時患有社交恐懼症與臉紅恐懼症，從小就不擅長在課堂上把文章唸出來，有著容易口吃的煩惱。

這樣的他來到我的門診表示：「我找不到適合自己的工作，再這樣下去也交不到女朋友，到底該怎麼辦才好？」

把弱點拉到平均值，不如培育優點至超凡

我經常會遇到擁有這類想法的人。

對自己「不擅長的事情」產生強烈的情結，永遠執著這些地方。

他們對自己的評價過低，所以會格外渴望「和大家一樣（或是更好）」。

然而漫無目的地懷抱「希望和大家一樣（或是更好）」這個期望，就會將自己視

為少數派並且感到辛苦。

照理來說，正因為屬於少數派，就更不應該配合周遭的基準，專注於自己的喜好、長處與想做的事情上，比較容易獲得他人認同。

但是他們卻以為只要自己變得「和大家一樣（或是更好）」，另一半或合適的工作這種「大家都擁有的事物」就會從天而降，所以總是專注於克服缺點。

執著在原地深耕，十年也稍縱即逝

無法客觀認同自己與其他人的差異，是因為自我認知薄弱的關係。

說到底，「大家」所指涉的對象範圍實在太過模糊。

舉例來說，我高中時就很羨慕總是與朋友在教室裡笑鬧，還能夠輕鬆與女孩子們往來的同學。我當時認為那才是高中生「應有的樣子」。

但是我經過分析後確認自己與他們之間差異太大，所以很快就放棄變得和他們一樣。總是糾結著自己少了這個少了那個的話會沒完沒了，終究我憧憬的只是他們「身處的位置」而已。

即使我模仿他們後交到許多朋友，可是以我當時的笨拙程度，恐怕很難兼顧讀書與交際。

仔細思考自己是什麼樣的人、對自己來說重要的是什麼，才是至關緊要的。

「克服缺點後就會變得順利」是非常危險的思維。

因為在執著的過程中會失去時間感，就好比前面提到的那位優秀學生，在他埋頭克服缺點的同時，十年轉眼就消失了。

不少人即使已經年近四十，內心仍維持二十多歲時的狀態，仍舊努力想要克服自己的缺點。

02

重新認識「不合標準」的自己，你看到哪些特徵？

嚴以律己，寬以待人的成癮症

「想和大家一樣」這個願望，造就了「基準上癮症」。

不對照自己所知道的「基準」，就無法判斷事物。

如果是酒精或賭博成癮，任誰都能夠輕易留意並有所警戒，可是卻沒有人能在第一時間察覺「那個人過度依賴基準了」。倘若再加上可選擇的行動範圍限縮時，所謂的基準也往往會偏離現實。

將「和大家一樣」視為基準的話，就會用「嚴以待己，寬以待人」這種扭曲的想法看待事物。

因為總是認為其他人都是正確的，自己必須配合他人才行，所以很容易覺得快要窒息。

重新定位人際關係的位置

想要脫離基準上癮症的話，首先必須正確理解自己所處的位置，並提高對自我的認識。

舉例來說，獨生子對自己的認知比有兄弟姊妹的人還要薄弱，也更容易對於自己所處的位置感到迷惘。

有兄弟姊妹的話，就會透過「姊姊、我、弟弟」這樣的角色差異，意識到自己在家庭內的位置。

如果是年齡相近的兄弟姊妹，弟弟或妹妹可能會下意識以兄姊為基準，並努力闖出另一片天。像是姊姊成績優秀時，弟弟可能就不會在讀書這一塊決勝負，而是在社團活動全力以赴。

認識自己的座標，就不容易迷失自我

我是獨生子，
在職場則是
轉職後第2年，
我在
表兄弟姊妹中
排行正中間

但是獨生子從未考慮到這些。

然而我們仍然可以透過各式各樣的場景思考自己的位置，包括表兄弟姊妹、班級、團隊、職場等。

所以請務必試著思考自己的位置吧。

確實認知自己的座標是非常重要的前提，**因為搞不清楚自己位置的人，就很容易在意他人的目光。**

「我做這種事情的話，那個人就會覺得我是這樣的人。」你是否會不由自主地像這樣保持警戒，無論身處何處都不敢表現出真正的自己呢？

認為不順其自然的話可能會被誤解、或

許還會被貼上奇怪的標籤，所以就沒辦法隨心所欲地行動。

請和自以為的「大家」，保持社交距離

放眼學術環境，從事研究的學者也會出現類似的情況。一直待在同一間大學的人，自我認知容易比闖蕩過多間大學的人還要薄弱。因為已經熟悉「同一間大學的基準」，所以沒有獲得正面評價就會認為自己有問題。

我自己待在日本的期間，也曾煩惱過「一直無法獲得肯定」，直到前往美國做出成果後，才產生自己沒問題的自信。

試著將自己擺在各式各樣的場所，自己以為的「大家」若有偏誤才能夠獲得修正，如此一來就會放下許多執著，能夠更靈活思考事物。

這麼做也比較容易在「大家」這個生活軸心之外，又增加「自己的軸心」。

我將此稱為相對於「大家」的「對立軸」。

擁有對立軸，就能夠比對「大家」與自己，有助於進一步認識自己。

除了「既然大家都這樣，那我就這樣做吧」之外，也能察覺「看來我的想法與多數派不同」的差異，注意到自己與他人不一樣的部分。

剛才提到的姊姊擅長讀書時，弟弟就專攻社團活動正是如此。

能夠冷靜看待自己以為的「大家」與自己之間的差距，就能夠對所謂的「大家」抱持自己特有的想法。

從自律生活，看清楚自己的面貌

從每日例行開始，決定要做與不要做的事項

雖然不是人人都適用，但是搞不清楚自己情緒的人，往往生活型態較為散漫。

人們愈是過著「約束自己並忍耐」的自律生活，就愈能夠提高自我情感，總是放空漫無目的度日的話，就會造成自我情感薄弱。

自我約束，有助於客觀審視自己，回顧自己言行的次數也會提升。

因此少量飲食、紮實運動並且遵守時間行事的人，會比日子過得很鬆散的人更容易認識自己的情緒。

所以當各位察覺某一天搞不清楚自己的情緒時，首先停下腳步，重新回顧並檢視

自己的生活會是相當有效的方法。

對於來門診諮詢的人，我一開始提出的指導並非「產生自己的情緒」，而是對日常的生活型態制定一套規範。

「早上請自己準備早餐，每次都要煎一顆荷包蛋。」

「早上起床後請先寫一行字。」（化為言語的練習）

「今天開始不做〇〇也無妨，請先暫停吧。」

「這件事情請做到這天為止，之後你就辦得到了。」

「我的話會這麼做，但是你應該要那樣做。」

我會像這樣協助對方決定要做的事情與不做的事情，減少生活中曖昧的事物。

不再順其自然，而是按照計畫按部就班，是非常重要的行動準則。

搞不清楚自己情緒的人，做出的行動往往不是按照自己的想法，不會挑選百分之百想做的事來做，所以剛開始需要身為旁觀人的我提供對方能夠配合的指引。

重點在於不是等待內心產生情緒時再去做某件事，而是透過做某件事，從行動的過程中培養情緒。否則明明沒有這份情緒，卻要「追隨自己的情緒」，這無異於天方夜譚。

搞不清楚自己情緒的人，用腦袋思考時會陷入各種煩惱，所以必須先有所行動。

設立小小的逆境，活絡腦部

想要透過鍛鍊提高自我情感，立即就能開始的練習，就是在生活中盡量安排「雖然很麻煩，但還是得乖乖做」的例行事項。

「雖然早上都爬不起來，但還是去晨跑吧。」

「雖然今天下雨，但還是出去散步吧。」

「嘗試不搭電梯的生活。」

「雖然沒興趣，但還是去美術館走走。」

像這樣在生活中製造許多小小的逆境，不再只是一味選擇輕鬆的道路。

不必活動身體、沒有時間限制、不會感到饑餓、沒有任何不便——這種缺乏緊張感的環境，會嚴重降低腦部運作。

環境太過安逸，刺激與輸入就會減少，整個腦部機能就會衰弱。

雖說感情系統腦街區本來就不容易發達了，但是也有可能在整個腦部都還沒發達的情況下，就不斷變得更加遲鈍。

儘管腦部各區都負責不同的功能，但是每一次運作都必須由多處分工合作。**因此不能只鍛鍊感情系統腦街區，而是要多方面運用腦部，對感情系統腦街區產生刺激。**

人的大腦會愈用愈發達，所以在生活中制定規則與計畫並確實實踐很重要。

從腦部特性來說，無論要做什麼事情，最麻煩且耗能的就是一開始。但是只要能夠慢慢提升事情的難度，就能夠逐漸鍛鍊出腦部應對新事物時的耐性。

COLUMN

多方攝取食物類型，有助提高共感力

提到飲食的話題時，會注意到偏食的人當中有很多自我情感強烈的人。他們對食物的挑剔等於對自我堅持的強度，很容易專注在自己的世界，走在自己的道路上。但是自我情感過強時，就會與搞不清楚自己情緒的人相反，比較不懂得配合周遭人。右腦情感與左腦情感會互相作用，所以均衡度很重要，偏向任何一方都會對生活造成阻礙。

這裡會建議各位刻意增加食物的種類，可以是更高級的、沒吃過的、不常去的店等，學會品嘗各種美食的話，自然就能夠提升共感力。年菜料理之所以賣得很好，就是因為有很多人想利用這種難得的特殊經驗體驗更多刺激。

雖說偏食容易發胖，但是若是以瘦的人與胖的人來比，胖的人卻有較易受環境影響且共感力較強的傾向。

04 陷入鑽牛角尖的困境時，翻過情緒壁壘的練習

放任情緒風暴，就失去與自我的客觀距離

過著自律生活時，一天中會有各式各樣的計畫。

煩惱不斷在腦中盤旋時，最好的做法就是按照計畫執行當下應做的事情，**因為這麼做可以縮短與自我情感周旋的時間**。

不斷回想起討厭的事情，綿延不絕地挖出不快情感，無助於客觀認識自我。這時先專注於完成計畫，有助於先與不快情感保持距離。

此外確實完成自己預定好的計畫，能夠塑造出紮實的自信，進而提升自發性。

來找我諮詢的人當中就有許多缺乏自信的人。

「自我情感低下」與「缺乏自信」嚴格來說不是同一件事情，但是多半會以併發的方式出現。

其中一個表徵就是自暴自棄。自暴自棄會使人喪失對自我的客觀判斷，導致情感變得遲鈍。假若接著又引來他人批評：「你就是這裡不好。」或是被遷怒時，他們就會將內心調適為忽視這些話語，結果漸漸地連自己的負面情感都逐漸感受不到了。

即使感到痛苦，也認為應歸咎自己時，就會逐漸埋藏內心湧現的情感。

遭負面情感支配時最應優先採取的對策，就是取回對自我的客觀性。暫時抽離負面情感會帶來審視的機會，確認自己的感受與周遭的看法是否有落差？周遭是否有類似的事情？

腦袋陷入僵局，強化負面循環

以前有位來門診的三十多歲女性，總是將工作上的煩惱藏在內心。

她即使有好的表現仍無法獲得認同，公司社長總是嚴厲地耳提面命：「妳要多看點商業書籍，多看多學。」讓她難以擺脫沮喪的情緒。

「即使看了書也沒辦法像那些厲害的人一樣，而且獨處的時候也會突然掉入過往情境裡，回想起自己不好的地方，並且困在這些思緒當中。」

像這樣思緒彷彿困住般，腦海中總是浮現同一個事件或場景，想要從中脫離是相當困難的。當我診斷有這類煩惱的患者腦部後，發現只有特定幾個腦街區特別活絡，不斷重複著相同的運作。

更具體地說，就是訊號會不斷在喚醒過去記憶的記憶系統腦街區（聯想與記憶的功能區域）、思考系統腦街區，以及感情系統腦街區這三個區域反覆來回，結果強化了負面迴路。

不僅如此，也將伴隨其他腦街區的功能大幅降低。

跳出強迴路，第一步是培養新習慣

腦袋陷入僵局的時候，脫困的訣竅是首先讓身體動起來。

身體在動的時候會用到眼睛、耳朵與肌肉，也必須處理隨著行動輸入的資訊，強制性地用到各個腦街區。

只要生活中有許多事情可做，自然就會徹底用遍整個腦袋。

由於這位女性喜歡做菜，所以我便建議她：「請妳每天做三明治後上傳到IG。」結果不到三個月就出現效果了。

在生活中設定了決定食材、採購、製作三明治、上傳這一連串的例行公事，就大幅減少了放空煩惱的時間。

而隨著發表作品的數量增加，自認為做得不錯的料理也獲得良好的回饋時，也會留意到自己評價不太成功的作品，確實也沒有收到那麼多的好評。

像這樣透過他人的回饋，觀察到自己的看法與其他人沒有太懸殊的差異，同樣也有助於提升自信。

慢慢懂得從客觀的角度看待自己後，就變得冷靜多了。

更新記憶，擺脫負面連結

為什麼客觀審視自己能幫助我們擺脫腦部的負面循環呢？簡單地說，這是因為腦部原本會引發「舊記憶↓情感↓思考」這個負面迴路的舊記憶，已經被新的記憶覆蓋的緣故。

當腦部的迴路分給新的經驗時，就會依循「經驗（視覺、聽覺、運動）↓理解↓新記憶」這樣的模式，更新記憶。

理解系統腦街區會負責「理解」外部輸入的新資訊，等腦部正式理解這些資訊，產生「我懂了」、「原來是這樣」的想法後，這些資訊就更容易轉變為記憶儲存起來，在腦中固定下來。

如果陷入源自於舊記憶的情感迴路時，理解系統腦街區會變弱。

當我們從生活中獲得新的經驗時，有助於跳脫負面情感，而這也是幫助自己的好機會，能夠脫離不快情感造成的負面迴路。

從「情感迴路」邁向「理解迴路」

放空的時候會被舊記憶掌控，**反覆確認不快情感**

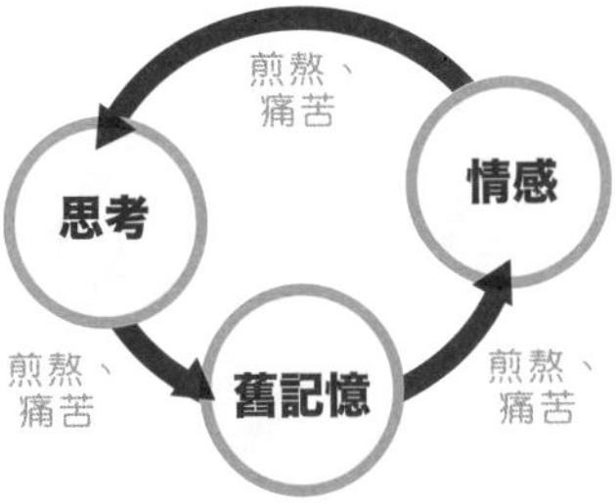

獲得新經驗時**腦部會去理解新資訊**並更新記憶，
情感與想法也會跟著改變

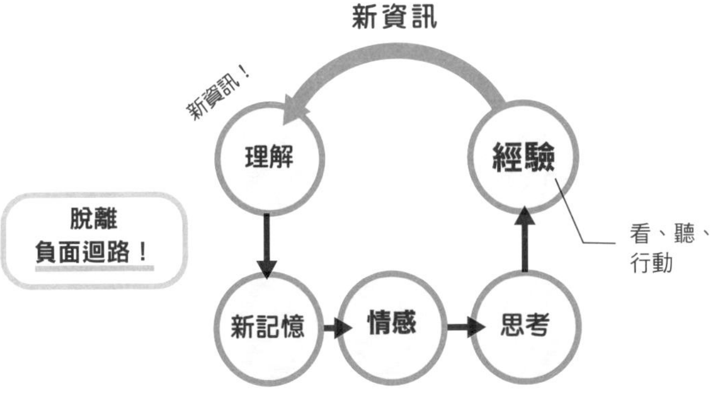

不再將所處環境的限制、不被周遭認可的負面情感悶在心裡，而是起身採取積極的行動是箇中關鍵。

只要持之以恆展開行動，往後就能憑自己的力量回顧過去記憶，不會被困在反覆確認不快情感的迴路裡，當然也更容易取回以自我為核心的生活。

回想過去經驗，不經意的小事也能積累自信

回憶是建立自我認同的基礎

想要認識自己的座標，回首過去是非常有效的。自我情感薄弱的人，很多都不太記得童年往事。這是因為他們很容易被周遭人事物分散注意力，鮮少有機會回想自己的事情所致。回想的機會愈少，記憶就會變得愈來愈淡薄。

舉例來說，當我詢問前來診所的患者：「還記得小學二年級時的好朋友叫什麼名字嗎？」當中很多人都沒辦法立刻回想起來（尤其是有發育障礙傾向的患者，童年記

憶也愈模糊）。

「都是這麼久遠的事，不記得也很正常吧。」或許會有人這麼想，可是實際上，情緒與行為從小就一致的人們裡，其中有很高的比例即使在成年後都還記得小時候經歷的事。

這是因為很清楚自己情緒的人，往往是出於自己的想法選擇行動，自然也比較容易化為記憶留存。

回首來時路

因此搞不清楚自己情緒的人，請試著回首過去吧。例如時不時翻閱相簿、聆聽當時的流行音樂、與家人聊聊全家旅遊的經驗等等。

人生就像一場電影，是由各種事件連接而成。

回想過去的影像並成功化為言語，有助於提升自我認知並強化自我認同。

我也曾在門診中請患者盡可能寫出自我介紹。

過去的影像有助於強化自我認同

愈了解自己是什麼樣的人，就愈不容易形成基準上癮症，也會發現自己思考後所下的判斷愈值得信賴。

順帶一提，如今社會也常見到業者提供「製作族譜」的服務，這類需求就形同藉由占卜認知自己是什麼樣的人。相關服務之所以受到大眾歡迎，就在於不只享受娛樂方面的樂趣，還可以間接提升自信。

即使努力回想後，發覺記憶依舊很淡薄時，不如轉念思考可以將現在的什麼事物傳承到未來吧。

舉例來說，只要養成每天早上健行的習慣，持續健行十年，就能成為十年後值得回首的一項回憶了。

與老友相聚，喚醒共有的情感記憶

進一步來說，年紀增長後見見老朋友也很有效。

無論老朋友是什麼樣的人，都已經成為自己的一部分。因此即使沒有感性的話題可談，也能夠獲得如同得知許多自己情緒般的充實感。

很多人會與年過花甲的朋友開一個LINE群組經常互相稱讚，這樣的社群已經不再只是單純為了交換資訊，也是尋求情感上的交流。

擁有一個能夠紓發情感的社群，簡單來說有助於活化腦部。

搞不清楚自己情緒的人往往會過度看他人臉色，所以不喜歡加入這類社群。但是日常情感交流太少，就缺乏活絡腦部的機會，這可以說是當事人與周遭人都難以注意到的腦部困擾。

但是既然是擁有共同回憶的老朋友，再細微的事情都會因為心靈相通而明白。

記憶與情感的連結愈強，腦袋愈期望回到當時的狀態時，就會愈努力運作。

如果沒機會見到老朋友，光是喚醒當時的記憶就很有效果。舉例來說，養老院就會播放懷舊歌曲給老年人聽，這麼做非常有助於活絡腦部。

因此這麼做不僅有助於強化感情系統腦街區，同時也象徵著對抗腦部老化，所以請試著依賴一下過去的回憶吧。

06

養成運動習慣，就不再「怕麻煩」

自我主張低，源自於較弱的自發性

總是配合周遭人行動，往往會營造出內向的形象。但是從實際層面來說，很多被視為內向的人，其實並非真的性格內向，而是比較接近討厭麻煩（當然，畢竟生而為人，有時也會隨著心情的起伏變得內向）。

這類人向外輸出的能量很少。畢竟不容易興起「想這麼做」的情緒，自我主張當然也會比較少，同時也很少自發性地想做出什麼行動。

經常處於被動狀態的人，追根究柢就是自發機能比較薄弱。

平常沒有「主動計劃」、「自行選擇」的習慣，所以腦中儲存的經驗值與記憶等腦部功能就無法充分受到活用。

增加生活體驗，活化大腦的待機部位

腦部運作會以平常有在用的部位為主，沒什麼在用的部分功能就會變差，較少主動做些什麼的人腦部也容易陷入僵局。

整天坐在電腦前工作的人，乍看經常在思考，但是其實只用到一部分的腦而已。因為總是做著熟悉或習慣的事情，所以腦袋只會用到固定的部分。

如前所述，主動計劃、自行選擇是「思考系統腦街區」負責的機制。其他腦街區的行動，是依循思考系統決定後下達的指令。

思考系統對運動系統下達指令後身體才會動，想要活用腦部各個場所，最好的方法就是嘗試新事物。

試著每天早上做體操或是登山、健行，總而言之先讓身體動起來，就能夠徹底運用平常沒用到的腦袋部位，有助於減輕腦袋僅局部運作的問題。

見識、聽聞、接觸新事物，藉此獲得形形色色的資訊，進而思考、記憶，就比較容易產生出情緒。

讓整個腦部都動起來時，就能夠對感情系統腦街區帶來良好影響。

「內向的人」到底是什麼樣的人？

雖說世界上有所謂「外向的人」與「內向的人」，但是卻無法明確劃出界線。因為人們遇到擅長應付的環境就會變得外向，反之就容易變得內向。

嚴格來說，不擅長經營生活的人比較擅長「內省」。

一般在說的內省是指分析自己的內在，但是其中也很有多情況是將原因歸咎於外部，常見的說詞像是「都是因為那個不好」、「要是沒有那個人就好了」。

內省的結果，就導致右腦感情系統腦街區活絡，對外部刺激過度敏感。

總是花好幾個小時思考相同的事情，滿腦子「為什麼、怎麼會這樣」的念頭時，腦袋運作就會被緊緊綁縛。

結果就陷入「因為內向而無法做出行動」→「無法做出行動所以變得內向」這樣的循環，所以必須實際做出某些行動去阻斷這個迴路。

因此很多人進入打工等忙碌的環境後，因為較容易於抽離情感，馬上就變得不再內向了。

07

通勤或居家工作，也能藉大腦區分適合與不適合

選到適合自己的環境，是再好不過

以此刻疫情後的社會來說，要確定自己是否為容易受到環境影響的人，就試著思考自己在遠端工作的環境中是否順利吧。

儘管很多人贊同遠端工作，但是凡事都有適合與不適合，所以既然有人在這種環境中提升生產力，當然就有降低的人。

有些人的工作生產力，在居家工作的期間會明顯下降。比如透過「通勤」這個習慣打造生活節奏者、習慣追隨他人步調者，或是需要與他人對話展開腦力激盪者，大抵都是如此。

一直處於刺激較少的相同環境裡，腦袋的運作就會變得遲鈍。

只要透過螢幕，很快就能感受到這些人的存在。他們大概在椅子上坐個十分鐘就會開始坐立難安，身體開始不由自主地動來晃去。

有些人還會因為長時間坐著導致下半身血液循環不佳，容易精神渙散，反應上也較不容易警醒，所以會晃動身體企圖醒神。

另一方面，居家工作時生產力會提升的人，則是得以從行政雜務、人際關係的繁雜、鄰座為提神而晃動身體等情況中解脫，所以心情也跟著放鬆了。

很多人都是在這個時候注意到：「原來我一直在忍耐原本的工作環境。」

容易受到周遭影響的人，身處刺激較多的環境時，就容易失去幹勁，也難以確實展現出能力。從這一點來看，獨處時能夠按照自己的心情做事，專注於「自己的步調」所以比較舒適。

這類人通常都很喜歡窩在家裡，所以即使生活中缺乏變化也不以為苦。

話說回來，生產力在特定環境中會提升還是下降，並沒有好壞之分，單純是腦部的運作方式不同而已。只要待在適合自己的環境，腦部運作起來就會比在不適合的環境下順暢許多。

打破一成不變的工作型態

身處工作方式益發多元的時代，了解自己在什麼樣的環境工作效率較佳是非常重要的。

不過，這裡也要提醒自認是「在缺乏變化的環境裡獨自工作比較輕鬆」的人，必須稍微留意一件事。

從腦部成長的觀點來看，一直待在缺乏刺激的環境並非好事。或許會有暫時性的好處，但是對年過三十五的人來說，卻會直接造就腦部的衰退。

二十歲左右的人面對同樣課題時，腦部的血液循環會活絡到近乎沒必要的程度，但這也代表額葉運作非常順利。

但是到了四十多歲、五十多歲、六十多歲時，腦袋不做多餘事情的程度會高到令人咋舌。即使面對同樣的課題，這時的腦袋只會去做最低限度的事情。

因此要突破這種腦部自動節能的作法，就必須主動打造出讓腦部動起來的環境，否則腦部可運作的範圍會愈來愈狹隘。

從結論來看，長時間待在刺激較少的環境時，即使減輕了環境變動造成的壓力，卻會失去對一般刺激的耐性，所以外出時感受到的壓力也會更勝以往。

產生愉快與不快這些感覺的機會減少，就較難生成「喜歡那個」、「想試試這個」等充滿人性的情緒。

不會因為見到他人、到處移動而感到痛苦的人，維持這個習慣肯定沒錯。

然而想要打造出得以與刺激共存的腦部，就必須留心主動做出某些行動。

08 「欲望」與「熱情」，建構自發性的兩大支柱

缺乏熱情，做事總是三分鐘熱度

缺乏自發性的人，不僅自我情感偏低，待人處事的熱情通常也比較少，也會盡可能迴避需要「勞動」的事務。

他們缺乏持續某件事情的續航力，雖然容易對不同事物產生興趣，卻因為缺乏相應的行動力，鮮少實際做出行動（如果是在既定程序中，就能夠發揮續航力與自己的能力）。

他們即使培養出新的興趣，也會稍微涉獵過後就覺得足夠了，很快就結束這次的興致探索，在入門階段便止步了。從產生興趣到失去興趣這一連串的程序，都是很快

就在腦中跑完。

由於每次興致的高峰都很低，熱情總是在內心燃起後又瞬間熄滅，所以看在他人眼裡會認為是「缺乏幹勁」、「凡事都沒想法」。

欲望有多強，跨越不安的可能就有多高

主要用來產生熱情的是男性荷爾蒙——睪酮。

雖說是男性荷爾蒙，其實女性體內也有很多，對人類來說具有相當重要的功能。

從腦部機制來看，愈是缺乏熱情的人愈容易想東想西卻不行動。

相反地，充滿熱情的人會因為腦部的「運動系統腦街區」活絡，所以容易化為行動。只要負責運動肌肉的運動系統腦街區功能變好，與負責下指令的思考系統之間合作就會更順暢。

這時**即使感情系統腦街區的功能薄弱，運動系統腦街區也會撿起內心的欲望並促進行動。**

舉例來說，腦中的運動系統腦街區與接收感覺的部位相鄰，因此熱情愈猛烈時，即使身體感受到疼痛也很容易有所行動。

比如遇到無論如何都想親眼一睹的運動賽事時，即使有點感冒也會忍著身體不適前往會場加油，正是因為運動系統腦街區活絡的關係。相反地，當運動系統腦街區不怎麼運作時，人的心態就會變得比較消極：「雖然我很想去，但是好像有點感冒，實在去不了。」

運動系統腦街區與感情系統腦街區的關係亦同。

有事情想向看起來很可怕的人請教時，運動系統腦街區較強的人，身體自然會動起來前往詢問。但是如果感情系統的不安程度較大時，就會壓縮自己的欲望：「雖然我想去問，但是好像會被罵，還是算了吧。」

透過簡單的有氧運動來改變

雖然實際情況因人而異，不過適度的睡眠與輕微的肌肉運動，都有助於提高睪酮的分泌量。因此希望增加行動力的人，每天可以安排三十分鐘的時間進行深蹲或伏地挺身等有氧運動。

這些運動有些辛苦，雖然必須有所忍耐，但是忍耐有助於培養自發性。

若說和他人爭執或起衝突的時候，回嘴要靠自發性的話，那麼戰略性忍耐也要靠自發性。

不知道該如何採取行動，終有一天會變成臣服於他人的奴隸。

睪酮對人格層面的影響力也很大，有助於提升對社會性、公平性與風險的耐性。有運動習慣的人較能夠自信強硬地面對他人，除了因為整個腦部都確實運作之外，睪酮的影響力也很大吧。

睪酮分泌量愈多的人，愈容易產生幹勁與積極，也較容易表現出情感。

COLUMN

真實社會裡，「撲克臉」並不實用

有些人不是沒辦法表現出喜怒哀樂這些情感，而是刻意不表現出來。這是因為，他們不希望他人察覺自己的感覺。

為什麼這類人會有這樣的需求呢？其中蘊含著「不希望弱點被看見」、「不希望他人指出自己對什麼事有興趣」這種強烈的想法。

當孩子進入青春期後，會漸漸地不願意與父母交流。從孩子的角度來看，每次父母口若懸河地談論自己的事情時，無形間彷彿就擅自訂下「我家孩子也應當和我一樣」的規則。

這看在孩子的眼裡，無異於一種壓抑。

儘管父母沒有這種打算，孩子仍會真心接收父母的話語，因而對於「被定型」這件事感到抗拒。

可是，假若孩子日後長大成人，仍依舊維持這個「不希望被他人定義」、「不想展現自己」的狀態，就很容易事事不順利。光憑思考與個人解讀經營工作和生活時，便容易做出下列令人傷腦筋的行為：

・遇到必須道歉的事情時，會因為抗拒表現情感而逃避
・平常沉默不語，只有牽涉自身相關權益時才會挺身而出
・會試圖運用學歷等與當下情況無關的條件，與他人制定上下關係

如果是以前的日本，公司主管面對這類年輕人時，不得不考慮到終生雇用的制度問題，而願意出面開導培育；可是現在無論身處哪個位階，每個人手中都有滿滿的事情要忙，倘若因忙碌而擱置不管時，即使出社會年齡增長後，仍會維持這個行為模式。

換句話說，哪怕是長大成人，也必須重視「情感的展現方法」這一門技術，所以平日就得時時注意自身，並且有意識地練習才行。

第 5 章

從每一天的日常習慣，重新取回主體性

5

01 為每一天的行事曆，加入易生成「情緒」的習慣

加入新的例行事，活化腦部

第四章提到愈是過著自律生活，就愈容易搞清楚自己的情緒。這是因為他們並非過著被各種事件推動的生活，而是依自己的想法展開新事物，比較容易在生活中養成習慣。

讓腦袋去做不熟悉的事情是最有助於成長的。

舉例來說，要讓平常不太打掃的人，養成拚事業之餘也維持家裡整潔的習慣是非常困難的。

如果是平常養成習慣的事務，就能在例行事項中加入性質相近的新習慣；但是要

「從事」不同領域的事情時，腦部就很難形成適當的迴路，必須耗費更多的精力建立全新的路徑。因此非常麻煩。

但是只要慢慢增減新事物，這樣的情況就會逐漸改善，不僅能夠幫助腦部建立新迴路，能夠容納的空間也會增加。

每天早起三十分鐘到附近走走，或是平常習慣喝茶或咖啡的話，就改成紅茶或花茶等，生活中的一點小變化都有助於活化腦部，幫助自己獲得更多新發現。

最大的誤解，是自認為喜歡此刻的環境

人類有著對自己常待或習慣的環境給予肯定的傾向。

也就是俗語常說的「金窩銀窩不如自己的狗窩」。

總是關在家裡的人，很容易誤以為自己就是「喜歡獨自待在家裡」。然而這其實是讓自己的情緒配合環境後而造就的結果。

總是獨自待在同一個空間，獲得的資訊就會非常受限。結果外出時因為明亮的陽

光感到不適或是想逃避，每一項外界刺激都會格外強烈。

有些人頂多偶爾會思考「我為什麼抗拒這些事物」，生活上會因為一點小事就感受到壓力而不願意接受。他們會說著「我不擅長這種事情」、「這種事情應該由你做吧」，試圖與造成心理負擔的事物拉開距離。

腦部運作受限時，生活、喜好與思想都會變得狹隘，在接收新資訊時也會下意識用「自己容不容納得了」去做判斷。

壓力，其實就是「額葉」運作變差

腦部容量像這樣變小的時候，請試著為自己安排不熟悉的環境吧。像是同樣去便利商店，現在就改去較遠的那一間，或是在車站與家裡之間安排多條通勤路線，每天都走不一樣的路。

少許的環境變化就能夠給予腦部新刺激，增加腦部應對事物的範圍。

「腦容量不足」這句話的容量，對我來說就等於額葉的運作程度。

額葉是以思考系統、傳達系統、運動系統與感情系統腦街區的運作為主。這些腦街區無法順利運作的話，即便只是遭遇一點小事也會備感壓力。換句話說，感覺「壓力很大」其實就是腦部額葉運作變差的徵兆。

想要恢復額葉運作的話，這裡建議每天散步五公里左右的距離，散步過程中則要仔細觀察周遭。散步會動用到思考系統與運動系統，且朝著決定好的目的地散步對額葉來說也是一種刺激。

對額葉產生刺激時，當然也會對感情系統的發育帶來良好影響。

幫助額葉運作的最簡單方法就是「散步」與「睡眠」，所以請保持良好睡眠並養成散步的習慣。

02

即使睡不著，也要在相同時間上床

警醒程度愈低，就愈無法保持專注

像是一整天都坐在辦公桌前盯著電腦埋頭工作，長時間反覆做同一件事情時，腦袋就會漸漸無法自行運作，陷入缺乏幹勁的狀態。

緩解這種腦部狀態最有效的方法，就是睡一場好覺。

平常睡眠時數較少的人，建議每天請睡滿七個小時吧。

人體需要整頓記憶、排出腦部老舊廢物的時間，而這段清理的時間便是發生在睡眠週期裡。因此睡滿七小時有助於提升警醒程度，大幅提升隔天的腦部運作狀況（順帶一提，這裡所說的「警醒」是指清醒時的狀態）。

被周遭的事情分散注意力並在意枝微末節的小事、無法專注感到坐立難安時，未必是當下的原因造成。

昨天先被男友抱怨，今天又被主管念了一頓，使腦部感受到壓力而導致警醒度大降是常有的事情。然而昨天若有睡個好眠，今天搞不好就沒事了。

警醒程度低下的狀態稱為「低警醒」，意指想睡或是腦袋昏昏沉沉的狀態。

無法專注於眼前事物感到煩躁時，就代表腦部要求「改變現在狀態」、「讓腦部更認真運作」的訊號。

理想的睡眠是最晚在晚上十一點就寢，早上七點起床，如此一來就能夠確保七小時以上的睡眠。

我們必須透過充足的睡眠，打造出游刃有餘的腦部。

失眠的根源，是大腦想逃離不安

翻來覆去睡不著時，往往是因為某種外部壓力造成的，例如：被事情追著跑、有

「對未知感到擔憂」所造成的睡眠不足是種防衛本能

擔心的事情等。

因為無法預測走向的事件感到擔憂所造成的睡眠不足，會讓腦部運作急遽變差，腦部成長也會變得遲鈍。

這是一種名為「腦部動不了就逃避」的防衛本能。

長期睡眠不足的話，腦部運作領域就會慢慢減少。

因此請避免剝奪睡眠時間，每天盡量在同一時間上床就寢，確保身體獲得充足的睡眠。即使剛開始嘗試時常會翻來覆去難以入睡，也要藉由每天持續的調整，養成規律的睡眠習慣。

規律的生活，會讓身體在固定時間逐漸

增加入睡所需的褪黑激素（又稱為睡眠荷爾蒙）分泌量。

當人體褪黑激素的分泌量減少時，就不容易睡好，只要少許的刺激就會醒來。建議各位不妨檢視睡眠環境，多下點工夫，例如將房間電燈全關，或是拉上窗簾以營造全黑的環境，有必要的話也可以戴上眼罩入睡。

頻繁惡夢與重大事件，也會影響睡眠

據說自殺者做惡夢的頻率很高。

這種症狀稱為「夢魘症」，患者總是夢到與毛毛蟲或怪異可怕的動物對峙，或是被某種事物追著跑的場景。壓力大的時候容易做惡夢，進而導致睡眠不足，嚴重時甚至會想結束生命。

所以一旦發現自己做惡夢的頻率提升時，請考慮前往醫院諮詢，或許這有助於意識到自己的情緒。

腦部擁有在睡眠時幫助記憶穩固下來的機制。

當我們遭遇「熟人生了重病」、「長年往來的朋友過世」等煎熬的事件時，也會變得不容易睡好覺。這是因為腦部在處理「不想記住」的事件時，會觸發身體無法熟睡的機制，可以說是一種自然的生理反應。

這類狀況只要沒有連續好幾天，就還不算失眠。

定期追劇，一口氣消耗情感的庫存量

有助於注意情緒的情感體驗

當腦部偏向特定運作，導致感情系統腦街區活動程度低迷時，這裡建議各位不妨觀賞電視劇。電視劇能夠活絡的腦部區域不僅有感情系統腦街區，對整個腦部都能帶來良好的刺激。

我每週會看三部警匪電視劇，至今最入迷的是韓國電視劇《同伊》。主角同伊非常迷人，即使歷經艱辛仍可用智慧化解的場面，往往讓我淚流滿面。

像這樣因為電視劇等流淚時，不妨試著回首當下，思考「為什麼這個場景會讓我流淚」以將情感體驗化為言語。

或許會注意到自己原來是將劇中情節與兒時的境遇重疊，或是不知不覺間由衷支持著主角。

令人哭出來的電視劇，可以說是幫助挖掘自我情緒的最佳情感體驗。

此外依循情感哭出來的行為，能夠大量消耗無法化為言語而累積在腦中的情感，讓腦部瞬間變得清爽。

看完電視劇後腦部能夠恢復彈性，並做好全速運轉的準備。

尤其是不擅長將情感化為言語，不太表現出情緒的人，能夠藉此意識到自己真正的想法，有助於將自我情感化為言語。

眼光辨別的精準度，就靠淚水大幅提升

哭泣使腦袋運作更加順利後，視覺精度也會有所提升，讓人真正地看清周遭人的情緒。

對周遭人很敏感時容易察覺他人的情感，但是因為「看人臉色」等壓力才造成的

沖走堆積在腦中的情感，讓腦部清爽許多！

敏感，其實反而難以正確分辨他人是在笑還是在生氣。

視覺所見的事物，其實會搭配記憶加以推測與判斷。

因此對方只要做出一點小小的動作，就會像「他那樣肯定是討厭我，怎麼辦」、「肯定是在氣我昨天失誤」這樣妄斷對方的想法。

內心壓力過大的人，養成一天哭一次左右的習慣時，或許能夠大幅改變看待世界的方法。

04

預先準備腳本，不費心力順暢切換情緒

無法保持專注時，待辦事項就能派上用場

在辦公室等遇到注意力分散、無法專注的時候，穿插一點和當下做的事情性質不同的行動有助於提振精神，所以請試著增加轉換心情用的事項吧。

藉此休息一次讓身心重新開機後，就比較容易集中精神。

雖然只是單純的小事，但是其實只要稍微出去晃一晃再回來，整個人就會變得不一樣。現在有很多地方都禁菸，不過在以前來說，去可以抽菸的地方來一根其實也有相應的意義存在。

有助於轉換心情的事項舉例如下：

- 上個廁所
- 喝杯咖啡
- 伸展運動
- 做個體操
- 欣賞自己的戒指等會讓心情變好的東西
- 拿起還沒讀完的書來讀一行
- 確認筆記本上的待辦事項

不只是前述舉例，哪怕是沒有任何意義的無聊小事也行，因為目的是打破不得不持續做某件事的狀態，做點不一樣的事以轉移注意力。108頁說明的思維徘徊，也可以藉由這個技巧有效中斷。

因此事前列出這種有助於控制注意力的事項清單，有需要時立刻執行是最理想的。**事前決定好「無法專注時就做這些事情」的模式時，就能夠更輕易開啟腦部的運作模式。**

改變行動，切換大腦運作模式

為什麼在埋頭工作的期間開小差能夠轉換心情呢？這是因為透過不同的行動，能夠轉換運作中的腦街區，我將這個現象稱為「腦街區切換」。

腦部的運動系統腦街區與其他腦街區密切相關，做點不一樣的事情時，能夠透過五感接收新的刺激，對各個腦街區輸入新的資訊。

當然五感也與感情系統腦街區相連，因此即使時間很短，光是從椅子上起身、打開窗戶、做點輕微的伸展操，就足以引發腦街區切換並換個心情。

五感、運動系統與感情系統密不可分，所以只要改變行動就能夠藉由五感獲得的新資訊，改變腦部的運作狀態。

活動身體不同部位，轉移感覺不卡關

內心過度在意，激發生理敏感症狀

處於壓力狀態時，身體有時會變得過度敏感。

人類的身體機能即使處於正常運作下，也有機會變得過度敏感、容易擔憂。像是心臟忽然狂跳不已、感受得到腸道蠕動、喉嚨緊緊的、手部瞬間發麻等，人體經常因為外部環境產生這些身體症狀。

但是過度在意這些症狀會挑動感情系統腦街區的杏仁核，進而出現嚴重呼吸困難、想吐，甚至可能直接昏倒，讓不安感急遽上漲，擔憂自己是不是快死掉了。

這會讓自己焦慮現象所對應的腦部區域更加活絡，結果心跳變得更快、貧血等，陷入更偏向特定運作的狀態，嚴重時會演變成恐慌症。

對自己身體的細微變化神經質的人，請試著做點伸展操、轉動肩膀等，讓身體動起來吧。

身體動起來時，腦部的運動系統腦街區會對肌肉下達運動的指令，將意識從導致心跳加快等過剩反應的感覺，轉移到身體動起來的感覺。

減輕疼痛，轉移癢感的訣竅

其他像是**身體某處癢得不得了的時候，建議不妨散步。**

即使手臂很癢，腦部也會在行走的過程中讓運動系統優先運作，再加上散步過程中沿途所見的不同風景，會對腦部施加其他刺激，所以也有助於分散注意力。如此一來，就不會一直在意發癢的地方。

身體某處疼痛時，只要雙手正在執行什麼工作，身體就比較不會專注於痛覺，有助於降低疼痛。

無論是翻花繩、彈奏樂器、做菜都可以，尤其是注意力必須鎖定手指的動作，更有助於刺激腦部，提升整個腦部的運作效率。

接受按摩同樣很有效，讓他人為自己按摩時能夠轉移注意力，如此一來就比較不容易意識到疼痛的地方。

按摩不僅有放鬆的效果，還不必自己動手去做，所以處於壓力狀態時，不妨當成對自己的犒賞吧。

06

藉助冥想，切割感情系統腦街區

從分心的環境，重新聚焦注意力的技巧

周遭有分散注意力的事物時，就要為自己建立奪回專注力的模式。

舉例來說，我自己在常去的咖啡廳工作時，就不會在意咖啡廳裡的吵雜。但是如果發現有認識的人坐在較遠的位置時，就會嚇一跳並悄悄離開。「那個人為什麼在這裡？看起來似乎只有一個人，該不會住在附近吧？」我會因為太過在意這些事情而無法專注工作。

有時候儘管不受陌生人的吵雜影響，但是如果是認識的人，光是對方的存在就足以分散注意力。

但是有時無法轉移陣地，這時不妨試著運用冥想技巧。

在冥想之中觀察呼吸

我是從二十歲左右開始自行研究「冥想中的狀態」。

冥想的好處在於能夠憑一己之力，切換原本被他人或環境擺布的腦部狀態。

平常會注意到呼吸的時機，通常是跑完一百公尺氣喘吁吁，或是感冒鼻炎造成鼻塞的時候，基本上都會伴隨呼吸障礙的情形。

這種痛苦的時候，投注在呼吸上的注意力更勝周遭環境，所以可以運用這個原理，藉冥想將注意力放在呼吸上。

冥想時要放慢呼吸的速度，先用嘴巴緩緩吐氣，再用鼻腔順順地吸氣。

請專注於這樣的動作。

放鬆全身，緩緩地呼吸，將注意力放在呼吸上。

冥想是提升自我認知的方法之一，將注意力放在呼吸時，周遭的資訊就進不了腦中，達到「醒神」的效果。

這種腦部與身體的生理機制運用起來很簡單，且能夠幫助我們找回自己。

即使看見，腦部迴路不打開就沒問題

在冥想狀態正常呼吸時，簡單來說就處於高警醒的中性狀態。無論感官認知到多少外界刺激，仍已經主動關閉腦部迴路不再處理外界資訊。

即使人就近在眼前，視覺也已經接收到對方的存在，這些資訊卻不會傳輸到其他腦街區。

即使看見對方了，卻絲毫不會刺激到傳達系統腦街區而產生「這個人有點矮」、「真時髦」等想法，進入完全不會與對方交流的狀態。

只要外界資訊不會進入感情系統腦街區，就不會引發任何的情感。

我認為完成冥想修行的和尚，都已經完成了這方面的訓練。

立刻就能運用的簡易冥想法

冥想有五花八門的技巧，這裡要介紹能夠簡單執行的類型。

●腹式呼吸法

首先從運用腹式呼吸的方法開始介紹。

這裡的腹式呼吸是指用鼻腔吸氣後讓下腹飽滿，接著從口腔慢慢吐氣的同時，下腹也會慢慢凹陷的方式。

請盡量持續腹式呼吸，直到能夠緩解肩膀與頸部等身體緊繃為止。

平常有空檔時就可以多練習腹式呼吸，在辦公室或電車裡都好，熟悉之後就可以邊走路邊練習。

這可以說是連練習本身都很簡單的冥想法。

●數字冥想法

學會腹式呼吸後，接著就邊做腹式呼吸邊慢慢從一數到十吧。不過要留意，數數字時，要在吐氣的時候數。

現在數到「一」的時候，完成悠長的呼吸，接著短促吸氣後邊數著「二」邊吐氣。每個數字在吐氣時要花十至十五秒的時間。

在這段期間，請專注在數字與呼吸上。

●路程冥想法

在執行腹式呼吸的同時，依序回想出門至歸途間走過的路程。

這時可以選擇兩三天內走過的路，以再走一次的感覺回想沿途景色、走過的道路、移動的過程。

只要確實做好這三種冥想法的練習，不僅有助於找回自己，還能夠提升記憶力，所以請務必練習看看。

COLUMN

為了更認識自己，投資時間與金錢有其必要

搞不清楚自己的情緒時，就很難明確知道自己對哪些事情感興趣。在此要建議各位，請為了「更好地認識自己」而自我投資。

為自己花費的時間與金錢，都能轉換為正視自我情感的機會。

個人至今正是因為想更認識人腦，長年來對此投入了許多時間與金錢。相較於獲得地位、名譽或金錢，我在研究時更重視的是「腦的真相」。

我在美國的大學度過六年的研究生活，當時的薪資，相當於高中畢業後剛入職時的薪水。由於美國是契約型社會，和講究年資的東方社會大不相同，即使是年過三十五歲的醫師、醫學博士或小兒科專科醫師，這些身分和名號都不會反映在薪資上。

儘管如此，我仍舊堅持探知腦的真相，從日本遠渡重洋到美國從事研究。

這是我在三十多歲時對自己的投資。就我個人而言，我的自我投資是腦部相

關知識，但是每個人適合的投資項目理應不同。

話說回來，自我投資沒有辦法立刻看見成果，通常會在十年、二十年過後，才慢慢顯現出來。大多數的情況下，往往會在意想不到的地方，化為未來已鋪陳的道路的「選項」，回饋在自己身上。

一路走來是如何花費時間與金錢，都會對未來的選擇和選項產生深遠的影響，所以「想要產生興趣，就先有所行動」這一點是很重要的。

不知道該投資什麼的人，就不要想得太過嚴重，只要從過去有意願嘗試的事情當中，挑選一個不排斥的項目，試著花時間或金錢去執行看看吧。

後記——解讀腦的訊息

我從十四歲開始湧現對腦的興趣後就停不下來，如今已經過了四十年之久。這些年下來，「腦部」教會我的訊息多得數不清。

我初期曾試著從心理學的角度解讀腦部，但遺憾的是卻沒能順利獲取腦部給予的訊息。

自從成為小兒科醫師，看過許多兒童的腦部後，我每天都會遇見腦部帶來的感動。即使是還沒學會說話的幼兒，只要用ＭＲＩ觀察他們的腦部，就連孩子的情感都能夠解讀。

不知不覺間，我意識到這就是腦部所給出的訊息，也是腦部的常識。

我也認為應該將自己所見的腦世界，化為新的腦部常識傳播出去。

所有人的腦部成長過程都不盡相同。

但是身處同一間學校、讀著同一本教科書、參加同樣的考試，會讓人不知不覺間以為其他人與自己沒什麼不同，不是嗎？

我看過的所有腦袋，都是極力訴說著：「我的情感就在這裡！」腦中明明就寄宿著情感，為什麼卻表現不出來呢？

說到底，腦部可是連無法表露情感的理由，都誠實地表現出來了。

畢竟，人的情感會隨著腦部成長而逐漸發達。

最後我想分享一件令我驚訝不已的案例。我年輕時曾在某間醫院遇見一位患者，他幾乎沒有大腦，整個腦部被感情系統腦街區、腦幹與小腦占據。護理師會日復一日地對這名患者說話，在照護的同時會適度摩擦身體，並且很有耐性地每天持續著。某天，我不經意拿出護理過程中的ＭＲＩ影像相互比較，結果發現原本完全不可能表現出任何情感的患者，其感情系統腦街區的型態卻有了明顯的發育，所以我推測那位護理師是能夠讀懂患者的情緒變化。

在這之前，我光是發現「記憶能夠促進腦部發達」這個事實就非常興奮了，而這個案例傳達給我「情感也有助於腦部發達」這個發現時，更是彷彿收到腦部傳遞的訊息，整個人陷入不可思議的高昂情緒當中，至今仍記憶猶新。

我是腦部的傳教士，使命是將腦部訊息傳播給世人知曉。

如果本書能夠多少為無法順利表現情感的人帶來助益，讓人生更富意義的話，我將感到無比的喜悅。

加藤白金診所院長、腦神經內科醫師　加藤俊德

〈作者簡介〉

加藤俊德

腦神經內科醫師，醫學博士，「腦的學校」株式會社代表
加藤白金診所（Kato Platinum Clinic)）院長，昭和大學客座教授
MRI腦部影像診斷、發育障礙與ADHD診斷與治療專家，腦街區鍛鍊提倡者
14歲時，為了得知「鍛鍊腦袋的方法」而決心深造醫學。1991年，發現用紅外光從頭皮測量人類腦部功能的fNIRS原理，10年後開發出能檢測腦內氧氣交換功能的近紅外光譜儀，現今全球有超過700個腦部研究設施應用，因而以fNIRS之父的身分活躍於國內外。1995至2001年間，赴美國明尼蘇達大學放射科學系，研究阿茲海默症與MRI腦部影像研究，發現與ADHD、溝通障礙等發育障礙有關的「海馬迴遲緩症」。歸國後，曾在慶應義塾大學醫學部、東京大學從事腦部研究，並創設「腦的學校」與加藤白金診所，診斷和治療的患者從幼兒至超高齡者超過1萬人。在加藤白金診所的專科門診中，遇到疑似過動綜合症時，會診斷其發達與不發達的腦街區，並提供學習與就業輔導，提供不完全仰賴藥物的治療療程。著作包括《超實踐！大腦意識訓練》（台灣東販）、《左撇子的隱形優勢》（如何）、《66妙招，輕鬆練出好腦力》（天下文化）、《做家事練大腦》（采實文化）等書。

「腦街區」（商標註冊第5056139／第5264859）

為什麼我學不會拒絕?

出　　版／楓書坊文化出版社
地　　址／新北市板橋區信義路163巷3號10樓
郵政劃撥／19907596 楓書坊文化出版社
網　　址／www.maplebook.com.tw
電　　話／02-2957-6096
傳　　真／02-2957-6435
作　　者／加藤俊德
翻　　譯／黃筱涵
編　　輯／江婉瑄
內文排版／洪浩剛
校　　對／邱鈺萱
港澳經銷／泛華發行代理有限公司
定　　價／350元
初版日期／2023年3月

國家圖書館出版品預行編目資料

為什麼我學不會拒絕? / 加藤俊德作 ; 黃筱涵譯. -- 初版. -- 新北市 : 楓書坊文化出版社, 2023.03　面 ;　公分

ISBN 978-986-377-835-6（平裝）

1. 情緒 2. 腦部 3. 心理衛生

176.5　　111022497